DANKE

Wir sind dankbar für so viele gute Ideen, große Unterstützung und viele gute Worte, die uns auf dem Weg zum ersten Praxishandbuch begleitet haben. Namentlich können wir gar nicht alle die Menschen aufzählen, die uns den Rücken gestärkt und den Geist beflügelt haben. So sollen alle, die hier nicht ausdrücklich erwähnt werden, mitbedacht sein, wenn wir

... Professor Hans Mendl danken für sein umfassendes und kompetentes Vorwort,

... Carmen und Christoph für ihre unendliche Layoutgeduld, die Auswahl der Fotos und manche Plakatidee,

... Siggi für die Lieder, die so oft zwischen Franken und dem Allgäu hin- und herflogen,

... Cordl für die Fotos aus dem heiligen Land,

... Felix, Jakob und Moritz für die guten Fotogesichter, die sie uns geschenkt haben und

... Reiner fürs Fotografieren dieser schönen Gesichter,

... Gini fürs Inszenieren und Fotografieren ihrer Eglis,

... Lara und Tobias für die Bilder zum Vaterunser.

Und last, but not least:

Danken wir dem didactus-Verlag, ohne den dieses Projekt nicht zustande gekommen wäre.

Dr. Hans-Peter Eggerl   Claudia Schäble   Thomas van Vugt

INHALT

Inhalt	Seite
Vorwort Prof. Hans Mendl	3
Vorwort des AutorInnen-Teams	4
Vorbemerkungen zum Lehrplan*Plus*	5
Terminologie des Lehrplan*Plus*	6
* Kompetenzstrukturmodell	6
* Gegenstandsbereiche	7
* Prozessbezogene Kompetenzen	7
* Grundlegende Kompetenzen, Kompetenzerwartungen, Lernbereiche und Inhalte	8
Vom Lehrplan zur Unterrichtsstunde	9
* Hinweise zur Jahresplanung in Lernarrangements	9
* Lernarrangements als Themenblöcke innerhalb der großen Schuljahresabschnitte	11
* Sechs Schritte zur Entwicklung eines Lernarrangements	12
* Lernaufgaben	13
* Hinweise zur Leistungserhebung	16
* Praxisteil	18
* Propädeutische Module für den Schuljahresbeginn	18
Zweijahresplanung	22
Sequenzübersicht Lernarrangement 1	25
Einführungsstunden	31
Stundenskizzen	37
Sequenzübersicht Lernarrangement 2	82
Stundenskizzen	86
Sequenzübersicht Lernarrangement 3	120
Stundenskizzen	124
Abkürzungverzeichnis	146
Bildnachweise	146

VORWORT

Die Gretchenfrage, der sich ab diesem Jahr alle Grundschullehrerinnen und -lehrer und in den darauffolgenden Jahren auch die Lehrkräfte der anderen Schularten in Bayern stellen müssen, lautet: „Wie hältst du es mit dem neuen Lehrplan*Plus*?" Von der soziologischen Habitus-Theorie her wissen wir um die problematische Tatsache, dass Trägheit und Krisenresistenz zu den Grundmerkmalen einer beruflichen Profession gehören, wenn sie nicht immer wieder einer selbstkritischen Reflexion unterzogen wird. Gleichermaßen legendär, böse beschrieben und leider gelegentlich durchaus mit konkreten Beispielen belegbar ist der Lehrer, der bei einer Lehrplanrevision lediglich die Deckblätter und Ordneraufkleber auswechselt und wenige Materialien umsortiert, ansonsten aber didaktisch und inhaltlich das unterrichtet, was er sich in den Anfangsjahren angeeignet hat. Ob curricular, postcurricular oder kompetenzorientiert – Lehrpläne kommen und gehen, der verbeamtete Lehrer bleibt auf ewig bestehen …
Positiv formuliert lautet die Aufgabe so: Wie überzeugt man eine Lehrkraft, die seit Jahren oder gar Jahrzehnten unterrichtet und persönlich den Eindruck hat, dass der Unterricht unter dem Strich durchaus in Ordnung ist, die Schülerinnen und Schüler davon profitieren und die ja durchaus sinnvollen Routinen immer wieder mit kleinen didaktischen Neuansätzen aufgebrochen werden können, von der Sinnhaftigkeit eines neuen Lehrplans? Das gelingt sicher nicht mit dem Hinweis, es stünde ein vollständiger Paradigmenwechsel an; denn das suggeriert: Bisher lief alles falsch!

Gerade die Religionslehrerinnen und -lehrer können anders motiviert werden. Man kann ihnen sagen, dass viele Elemente ihres guten Religionsunterrichts vor allem von einer kompetenzorientierten Perspektive aus noch bedeutender werden:

- dass man religiöse Lernprozesse immer nur von den Kindern, ihren Lebenswelten und Entwicklungssituierungen her entfalten kann;
- dass die Kinder als Subjekte des Lernens und damit aktiv Lernende ernst genommen werden;
- dass ihre natürliche Neugier und Fragehaltung geweckt und gefördert werden kann;
- dass dafür didaktisch hochkompetente Lehrerinnen und Lehrer nötig sind, die umsichtig Unterricht vorbereiten und Lernen nachhaltig sichern müssen.

Die vielzitierte Hattie-Studie belegt die Bedeutung der Lehrkräfte in ihrer didaktischen Steuerung und in ihrem wertschätzenden Umgang mit den Schülerinnen und Schülern. Zugleich weist Hattie darauf hin, dass sich der gute Lehrer gerade dadurch auszeichnet, dass er in der Lage ist, den Lernprozess aus der Perspektive der Lernenden wahrzunehmen. Hier setzt eine richtig verstandene Kompetenzorientierung an.

Schließlich kann man Lehrkräfte zur Auseinandersetzung mit einem neuen didaktischen Konzept dadurch motivieren, dass man ihnen nicht nur ein Theoriekonstrukt vorlegt, sondern das nötige Handwerkszeug an die Hand gibt, in das mustergültig Elemente eines neuen didaktischen Ansatzes eingeschrieben sind. Das ist mit der vorliegenden Publikation der Fall. Sie zeigt, wie ein kompetenzorientierter Religionsunterricht in den ersten Schuljahren konzipiert werden kann. Sie verdeutlicht den Gewinn eines Religionsunterrichts, der verschiedene Kompetenzfelder bespielt und unterschiedliche Lernbereiche miteinander vernetzt. Und vielleicht kann diese Publikation auch in ihrer Materialfülle neue Horizonte eröffnen, die auch den oben karikierten krisenresistenten Habitus-Träger dazu motivieren, einen neuen Kurs einzuschlagen und manch alten Ordner über Bord zu werfen!

Prof. Hans Mendl, Passau

VORWORT DES AUTORINNEN-TEAMS

Korrelation, Performanz, Konstruktivismus, Elementarisierung, biblisches und biografisches Lernen mit Kindern, Symbole und metaphorische Sprache in der Grundschule wahrnehmen, deuten und verstehen, außerschulische Lernorte, Lebensrelevanz und Katholika, dies alles und noch viel mehr sollen LehrerInnen in der Grundschule bedenken, beachten, umsetzen und leisten!? Und jetzt noch ein ganz neuer Lehrplan, ein Paradigmenwechsel...?
Ja, Hans Mendl hat sicher Recht mit seiner Vermutung, dass diese nächste Anmutung für LehrerInnen der Grundschule Vielen als Zumutung erscheinen mag und manche mit Reserviertheit, Unmut oder gar mit dem Wechsel der Ordneraufkleber darauf reagieren.

Lassen Sie uns den Versuch unternehmen, denjenigen Mut zu machen, Ideen mit auf den Weg zu geben und all jene auf dem sicher nicht immer einfachen Weg zum guten Religionsunterricht zu unterstützen, die sich noch nicht in den Habitus des Einerlei und des Es-geht-ja-doch-nichts-mehr verabschieden wollen, die um die Bedeutung des Religionsunterrichts ringen und nicht zuletzt um jede/n SchülerIn, die/der dessen bedarf, was RU und RL anzubieten haben, wenn LehrerInnen in angemessenen Rahmenbedingungen unterrichten können. Dazu gehört auch die von der Hattie-Studie viel beachtete Feedback-Kultur, die sich auf die Wirklichkeit des Unterrichtens vor Ort aus Schüler- wie Lehrersicht bezieht. Dabei soll nichts beschönigt werden, jedoch soll auch wahrgenommen und beachtet werden, was im Unterricht schon gut und bewährt läuft.

Lassen Sie uns in diesem Sinne den Versuch wagen, aus dem theorielastigen Hin und Her stets neuer Anmutungen für den RU auszubrechen, die viel und noch immer geführten Diskussionen zu würdigen und anzunehmen, sie jedoch endlich auch auf unsere Weise in die Praxis des Unterrichtens zu führen. Als Autorenteam aus der Praxis des Unterrichtens mit Theoriebezug präsentieren wir Ihnen Anregungen, die Sie in Ihrem Unterricht verwerten und aufgreifen können. Wir versuchen dies nicht ohne den nötigen Theoriehintergrund, jedoch jenseits eines Geredes um den RU und in die Gegenwart heutigen Unterrichts hinein gesprochen. Wir tun dies auch als Kenner von Aus- und Fortbildungen für den RU, insbesondere jedoch als KollegInnen, die den Unterrichtsalltag im Blick haben, ihm mit hohen Ansprüchen und großen Erwartungen begegnen, jedoch auch um dessen allzu oft profanen Abgründe und problematische Rahmenbedingungen nicht nur wissen, sondern sie am eigenen Leib in der täglichen Arbeit vor Ort erleben. Dies gilt nicht zuletzt auch für die Arbeit und den Umgang mit dem neuen GS-Lehrplan, dessen oft kaum zu bewältigenden Ansprüche, jedoch auch im Wissen um die Möglichkeiten, die er – ganz in dem von Hans Mendl angesprochenen Rahmen – eröffnen kann.

In diesem Sinne legen wir Ihnen ein PRAXIS-Handbuch vor, nicht ohne Theorie, jedoch schließlich ganz an Ihrer Praxis interessiert und ausgerichtet.

Das Autorenteam

Dazu zunächst einige kurze Vorbemerkungen, die es Ihnen ermöglichen, die Praxisteile einzuordnen und für Ihren RU vor Ort einzusetzen:

A. Der Lehrplan*Plus* - Ein Paradigmenwechsel ?!

1. Vorbemerkungen

Seit dem Schuljahr 2014/2015 ist in Bayern der Lehrplan*Plus* als ein kompetenzorientierter Lehrplan in der Grundschule verbindlich eingeführt. Ziel ist es, im Unterricht Kompetenzen zu entwickeln, d.h. Wissen und Können miteinander zu verknüpfen und im Alltag umzusetzen und anzuwenden (= Wollen). Der kompetenzorientierte Blick auf einen Unterricht erscheint als Paradigmenwechsel, bei dem Schülerinnen und Schüler in den Mittelpunkt gerückt werden und deren Lebenswirklichkeit als relevante Anforderungssituationen im Unterricht Vorrang vor nur kognitiver Aneignung von Wissen bekommt. Für den Religionsunterricht hat jedoch die Lebensrelevanz von Inhalten und eine Orientierung an den Lebensbedingungen von Schülerinnen und Schülern, ihren Fragen und Vorstellungen seit jeher fundamentale Bedeutung. Entsprechende Planungen und Umsetzungsmodelle existieren in guter Tradition seit langem. Insofern kann auf ein Erfahrungs- und Praxisrepertoire guten Religionsunterrichts zurückgegriffen werden. So verknüpft kompetenzorientierter Religionsunterricht religiöses Grundwissen, Vorstellungen aus Tradition und kirchlichem Selbstverständnis und aktuelle Bezüge im Dialog mit anderen Religionen mit den (Lebens-) Fragen heutiger Schülerinnen und Schüler.
Indem kompetenzorientierter Religionsunterricht dies leistet, erweitert er nicht nur die kognitiven Fähigkeiten und Fertigkeiten von Schülerinnen und Schülern, um bestimmte Probleme zu lösen, sondern befähigt sie auch dazu, ihre „Lösungen“, Überlegungen und Perspektiven in variablen Situationen in ihrer Lebenswelt umzusetzen.
Schülerinnen und Schüler sind dann als kompetent zu verstehen, wenn es gelingt, sie im Religionsunterricht dazu zu befähigen, Aufgabenstellungen und Probleme zu lösen, die sie mit ihrem erworbenen Wissen und konkreten Fähigkeiten, vor dem Hintergrund von Werten und Haltungen angehen und immer wieder neu versuchen, verantwortlich umzusetzen. Kompetenzorientiertes Unterrichten in der Grundschule richtet den Blick in den Jahrgangsstufen 1/2 und 3/4 jeweils auf das Ende eines zweijährigen Lernzeitraumes. Vor dem Hintergrund alltagsrelevanter Lebenssituationen werden Inhalte bzw. Gegenstandsbereiche, die der Lehrplan vorgibt, im Blick auf die zu entwickelnden Prozessbezogenen Kompetenzen in den Lernprozessen bearbeitet. Vorrangige Aufgabe für den Religionsunterricht ist es, Methoden und Arbeitsformen zu entwickeln und einzuüben, die die Schülerinnen und Schüler befähigen, komplexe Aufgabenstellungen zu bewältigen. Dabei sollen sie Voraussetzungen und Grundlagen erwerben, die es ermöglichen, Kompetenzen auszubilden, die sich in Schritten kumulativ und nachhaltig entwickeln. Kompetenzen setzen stets an den Voraussetzungen, Motiven, Fähigkeiten und Fertigkeiten sowie Wissensbeständen an, die die Schülerinnen und Schüler mit in den Religionsunterricht bringen.

Kompetenzen sind

„... die bei Individuen verfügbaren oder durch sie erlernbaren kognitiven Fähigkeiten und Fertigkeiten, um bestimmte Probleme zu lösen, sowie die damit verbundenen motivationalen, volitionalen und sozialen Bereitschaften und Fähigkeiten, um die Problemlösungen in variablen Situationen erfolgreich und verantwortungsvoll nutzen zu können.“ (siehe Weinert, Franz E. Leistungsmessungen in Schulen, Weinheim ^{3}2001, S.27f.)
Kompetenzen sind also ein komplexes Zusammenspiel von Fähigkeiten, Wissen, Verstehen, Können, Handeln, Erfahrung und Motivation. Sie werden im Alltag angewendet und umgesetzt.

So weit als möglich sollen die Schülerinnen und Schüler durch selbst reguliertes Lernen und aktives Mitgestalten motiviert werden, nachhaltig zu lernen und erworbene Kompetenzen über den Religionsunterricht hinaus für ihre Lebenseinstellungen und Handlungsoptionen im Alltag weiter zu entwickeln. Insofern ist ein kompetenzorientierter Religionsunterricht nicht an einer möglichst umfänglichen Abarbeitung inhaltlicher Vorgaben orientiert. Vielmehr geht es um eine die Schülerinnen und Schüler motivierende und ihre Lebenseinstellung prägende Arbeit mit exemplarischen Gehalten.

Der neue Lehrplan*Plus* verfolgt eine einheitliche Gesamtkonzeption, die die Übergänge zwischen den Schularten berücksichtigt und gute Anschlüsse ermöglicht. Das „Plus“ im Lehrplan*Plus* Projekt ist ein einheitliches Lehrplankonzept mit durchgängiger Kompetenzorientierung, die unmittelbare Anbindung von Lernaufgaben, abgestimmte Curricula zwischen Fächern und Schularten und die direkten Verweise auf unterrichtliche Materialien, die digital aufbereitet sind (LIS – Lehrplan-InformationsSystem).

2. Terminologie des Lehrplan*PLUS* für den Katholischen Religionsunterricht

2.1 Das Kompetenzstrukturmodell[1]

Das Kompetenzstrukturmodell bildet die Basis für die Einzellehrpläne des Faches Katholische Religionslehre aller Schularten. Es bringt die sechs Gegenstandsbereiche und die Prozessbezogenen Kompetenzen in Zusammenhang. Anhand der Inhalte, die die Gegenstandsbereiche repräsentieren, sollen alle Prozessbezogenen Kompetenzen entwickelt werden.

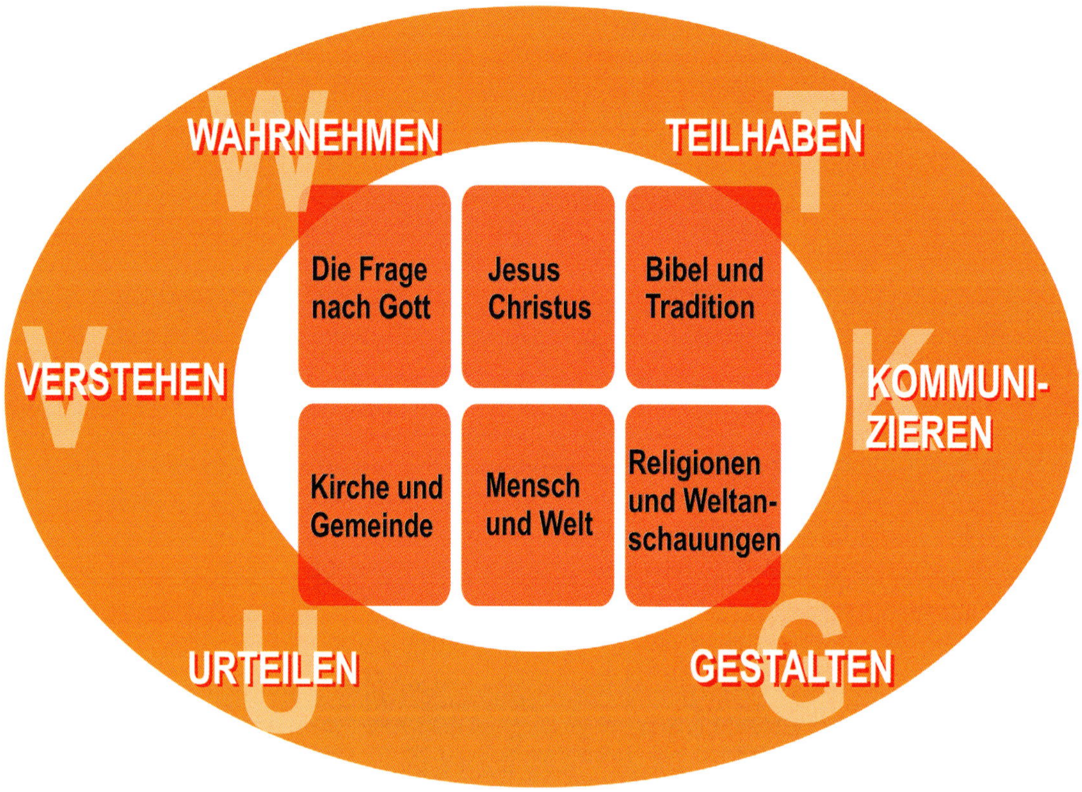

1 vgl. Fachprofil Katholische Religionslehre, ISB München

2.1.1 Gegenstandsbereiche

Konstitutiv für den Lehrplan*Plus* Katholische Religionslehre sind die so genannten Gegenstandsbereiche und die sich auf sie beziehenden Prozessbezogenen Kompetenzen. „Die Gegenstandsbereiche benennen die zentralen Inhalte und Ausdrucksformen des katholischen Glaubens" (Fachprofil KR), die „...Prozessbezogenen Kompetenzen dienen dem Erwerb persönlicher religiöser Orientierungsfähigkeit und Sinnfindung." [1]

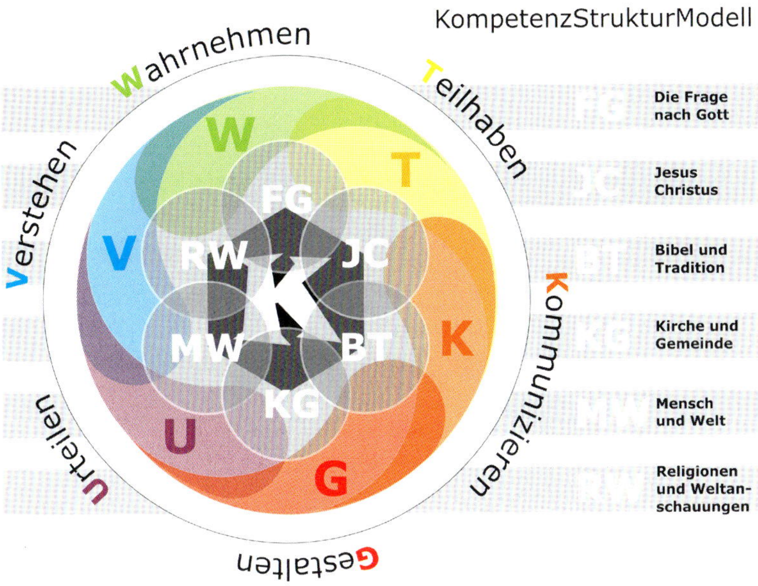

[2]

2.1.2 Prozessbezogene Kompetenzen

Folgende Prozessbezogene Kompetenzen dienen dem Erwerb persönlicher religiöser Orientierungsfähigkeit und Sinnfindung:

wahrnehmen – urteilen – verstehen – gestalten – kommunizieren – teilhaben [3]

Im Praxishandbuch werden in den folgenden Kapiteln die Prozessbezogenen Kompetenzen durch die „Kompetenzblume" visualisiert:

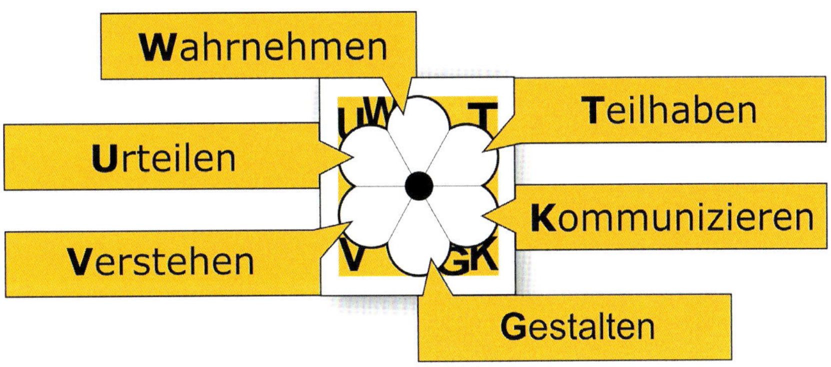

1 vgl. Fachprofil Lehrplan Plus Katholische Religionslehre

2 grafisch modifiziert nach Fachprofil Lehrplan Plus Katholische Religionslehre, HaPe Eggerl

3 vgl. Fachprofil Lehrplan Plus Katholische Religionslehre

2.2 Grundlegende Kompetenzen, Kompetenzerwartungen, Lernbereiche und Inhalte

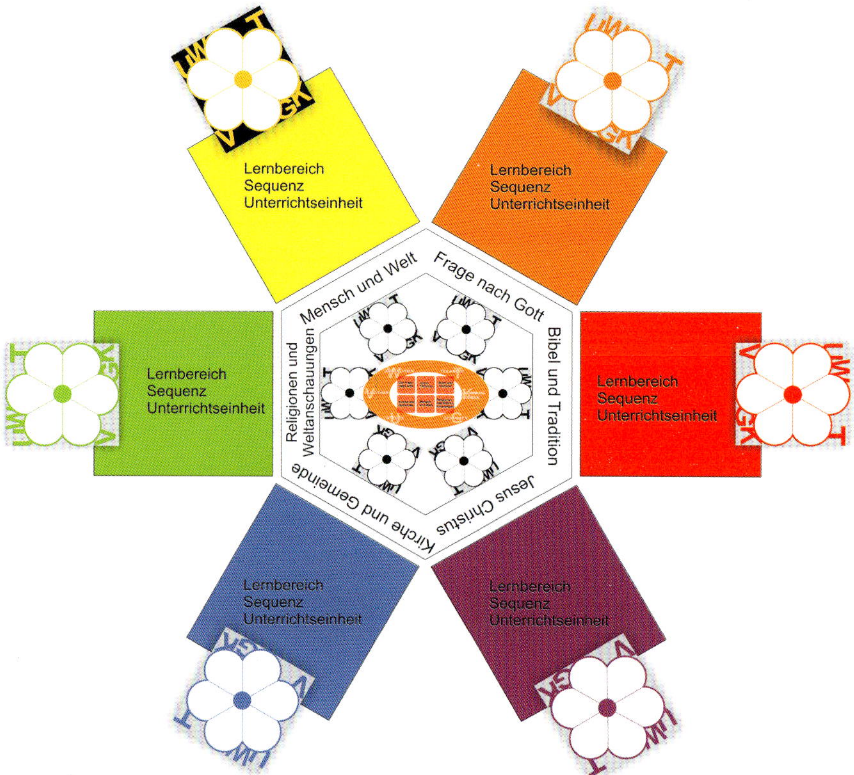

Grundlegende Kompetenzen

Grundlegende Kompetenzen sind ein weiterer Lehrplanterminus von besonderer Bedeutung. Die sechs Grundlegenden Kompetenzen verdeutlichen die Gesamtidee des Faches Katholische Religionslehre in den Doppeljahrgangsstufen 1/2 bzw. 3/4, ebenso wie in allen weiterführenden Schularten. Sie sollen im Zeitraum von zwei Jahren kumulativ und nachhaltig aufgebaut werden und geben einen Überblick über zentrale Lernbereiche der einzelnen Jahrgangsstufen. Grundlegende Kompetenzen werden mithilfe von „Kompetenzerwartungen" näher beschrieben.

Kompetenzerwartungen

Kompetenzerwartungen bilden zusammen mit den ihnen zugeordneten, im Lehrplan angebotenen Inhalten die Grundlage für eine konkrete Unterrichtsplanung in Sequenzen. Kompetenzerwartungen geben konkrete Hinweise für die Entwicklung von Lehr- und Lernprozessen und vermitteln mithilfe von aussagekräftigen Operatoren einen Blick auf die im Mittelpunkt stehenden zugehörigen Prozessbezogenen Kompetenzen.

Lernbereiche

Lernbereiche sind als Unterkapitel ein Strukturelement für die Konkretisierung der Gegenstandsbereiche in den Doppeljahrgängen. Sie gliedern die Gegenstandsbereiche in zumeist zwei Unterthemen, die über die jeweiligen Kompetenzerwartungen miteinander verbunden sind.

Inhalte

Inhalte eröffnen Möglichkeiten für die Entwicklung der Prozessbezogenen Kompetenzen im Rahmen der Lernbereiche, die Gegenstandsbereichen zugeordnet werden. Diese inhaltlichen Anregungen dienen der Unterstützung der Lehrkräfte bei der unterrichtlichen Umsetzung von Kompetenzerwartungen.

B Vom Lehrplan zur Unterrichtsstunde

1. Überblick[1]

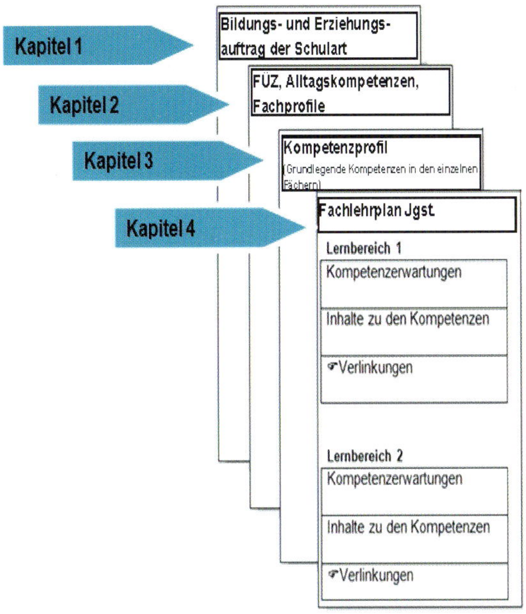

2. Hinweise zur Jahresplanung in Lernarrangements

Im kompetenzorientierten Lehrplan*Plus* für die Grundschule werden in den Jahrgangsstufen 1/2 aus sechs Gegenstandsbereichen zehn Lernbereiche, in den Jahrgangsstufen 3/4 zwölf Lernbereiche entwickelt. In den ersten beiden Jahrgangsstufen sind die jeweils zweiten Lernbereiche der Gegenstandsbereiche „Bibel und Tradition“ und „Religionen und Weltanschauungen“ nicht vorgesehen.

Lehrplan*PLUS* Grundschule

Verteilung der Lehrplanthemen auf Jahrgangsstufen

Jgst	Mensch und Welt	Frage nach Gott	Bibel und Tradition	Jesus Christus	Kirche und Gemeinde	Religionen und Weltanschauungen
1/2	**LB 1** Jeder Mensch - einmalig und gemeinschafts-bezogen	**LB 3** Nach Gott fragen - Gottesvorstellungen und biblische Glaubens-zeugnisse	**LB 5** Die Heilige Schrift - biblische Glaubens-erfahrungen	**LB 6** Die Zuwendung Jesu zu den Menschen - die Botschaft vom Reich Gottes	**LB 8** In der Gemeinde leben - zur katholischen Kirche gehören	**LB 10** Menschen anderer Religionen und Weltanschauungen begegnen
	LB 2 Die Größe und Vielfalt der Welt - Schöpfung Gottes	**LB 4** Ausdrucksformen des Glaubens an Gott - Beten und Handeln, Bilder und Symbole	-	**LB 7** Jesus, der Christus - Leben, Leiden, Tod und Auferstehung	**LB 9** Den Glauben feiern - Gottesdienst und Kirchenjahr	-

1 Vgl. Handreichung ISB

Jgst	Mensch und Welt	Frage nach Gott	Bibel und Tradition	Jesus Christus	Kirche und Gemeinde	Religionen und Weltanschauungen
3/4	**LB 1** Jeder Mensch - einmalig und gemeinschaftsbezogen	**LB 3** Nach Gott fragen - Gottesvorstellungen und biblische Glaubenszeugnisse	**LB 5** Die Heilige Schrift - Buch des Lebens und des Glaubens	**LB 7** Die Zuwendung Jesu zu den Menschen - die Botschaft vom Reich Gottes	**LB 9** In der Gemeinde leben - zur katholischen Kirche gehören	**LB 11** Christ sein - im Austausch mit anderen
	LB 2 Die Größe und Vielfalt der Welt - Schöpfung Gottes	**LB 4** Ausdrucksformen des Glaubens an Gott - Beten und Handeln, Bilder und Symbole	**LB 6** Mit Gott auf dem Weg - Glaubenserfahrungen des Volkes Israel	**LB 8** Jesus, der Christus - Leben, Leiden, Tod und Auferstehung	**LB 10** Den Glauben feiern - Jesus Christus begegnen	**LB 12** Menschen anderer Religionen begegnen- Juden und Muslime

Im Blick auf ein kumulatives Lernen, das auf Nachhaltigkeit und Kompetenzentwicklung zielt, ist zu bedenken, wie in jeder Jahrgangsstufe die einzelnen Gegenstandsbereiche mit ihren Lernbereichen aufscheinen und immer wieder neu aneinander anknüpfen. Um diesem Anspruch Genüge zu tun, können nicht nur ganze Lernbereiche miteinander in Verbindung gesetzt werden, sondern müssen auf den Ebenen der Grundlegenden Kompetenzen und Kompetenzerwartungen Verbindungen und aufeinander aufbauende Elemente gesucht werden, die in einem größeren Zusammenhang (Lernarrangements) die Lehrplanvorgaben angemessen in die Praxis umsetzen. Erst durch diese Verknüpfung werden die im Lehrplan nebeneinander gestellten Gegenstandsbereiche auf eine Weise miteinander in Verbindung gebracht, die den sukzessiven Aufbau religiöser Kompetenz ermöglicht. Bei diesem Vorgehen müssen auch Aspekte des Kirchenjahres und jahreszeitliche Überlegungen eine Rolle spielen. Dabei sind alle im Lehrplan vorgegebenen Kompetenzerwartungen im Blick auf die Grundlegenden Kompetenzen zu entwickeln. In diesem Sinn tragen wir im Praxishandbuch Sorge dafür, dass alle im Lehrplan vorgelegten Grundlegenden Kompetenzen und Kompetenzerwartungen in den Lernarrangements angegangen und unterrichtlich umgesetzt werden.

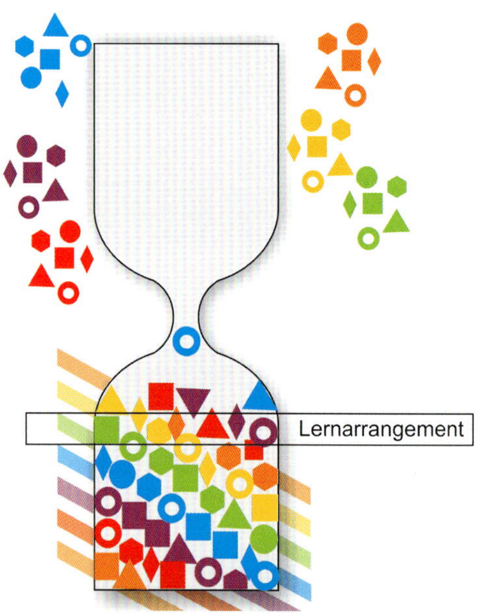

Vor diesem Hintergrund sind für den zweijährigen Planungsturnus sechs Lernarrangements entstanden, die die Phasen Sommer – Weihnachten, Weihnachten – Ostern, Ostern – Sommer umfassen.

3. Lernarrangements als Themenblöcke innerhalb der drei großen Schuljahresabschnitte

Aus den vorausgegangenen Überlegungen sind folgende Lernarrangements entstanden, die jeweils mit einer Didaktischen Begründung eingeleitet, erläutert und in ihrer Ausrichtung dargestellt werden. Dabei werden auch Aspekte des Vorwissens, der Entwicklung der Schülerinnen und Schüler, der Situation und der Religionsgruppe berücksichtigt.

Jgst	September bis Weihnachten	Weihnachten bis Ostern	Ostern bis Schuljahresende
1	**LB 1/2 1.** Jeder Mensch - einmalig und gemeinschaftsbezogen	**LB 1/2 5.** Die Heilige Schrift - biblische Glaubenserfahrungen	**LB 1/2 7.** Jesus, der Christus - Leben, Leiden, Tod und Auferstehung
	LB 1/2 3. Nach Gott fragen - Gottesvorstellungen und biblische Glaubenszeugnisse	**LB 1/2 6.** Die Zuwendung Jesu zu den Menschen - die Botschaft vom Reich Gottes	**LB 1/2 8.** In der Gemeinde leben - zur katholischen Kirche gehören
	LB 1/2 5. Die Heilige Schrift - biblische Glaubenserfahrungen + Aspekte aus Lernbereich 1/2 6. Die Zuwendung Jesu zu den Menschen - die Botschaft vom Reich Gottes + Aspekte aus Lernbereich 1/2 9. Den Glauben feiern - Gottesdienst und Kirchenjahr	+ Aspekte aus Lernbereich 1/2.7. Jesus, der Christus - Leben, Leiden, Tod und Auferstehung + Aspekte aus Lernbereich 1/2.9. Den Glauben feiern - Gottesdienst und Kirchenjahr	+ Aspekte aus Lernbereich 1/2.9. Den Glauben feiern - Gottesdienst und Kirchenjahr
2	**LB 1/2 2.** Die Größe und Vielfalt der Welt - Schöpfung Gottes	**LB 1/2 4.** Ausdrucksformen des Glaubens an Gott - Beten und Handeln, Bilder und Symbole	**LB 1/2 9.** Den Glauben feiern - Gottesdienst und Kirchenjahr
	LB 1/2 5. Die Heilige Schrift - biblische Glaubenserfahrungen	**LB 1/2 7.** Jesus, der Christus - Leben, Leiden, Tod und Auferstehung	**LB 1/2 10.** Menschen anderer Religionen begegnen
	+ Aspekte aus Lernbereich 1/2 6. Die Zuwendung Jesu zu den Menschen - die Botschaft vom Reich Gottes		

4. Sechs Schritte zur Entwicklung eines Lernarrangements mit Sequenzplanung aus einem oder mehreren Lernbereichen:

1. Schritt: Blick in den Lehrplan – Suche nach möglichen Verbindungen zwischen Grundlegenden Kompetenzen und Kompetenzerwartungen einzelner Lernbereiche (= Jahresplanung)
2. Schritt: Herausfiltern der Schwerpunkte aus den Grundlegenden Kompetenzen und deren Konkretisierung in den Kompetenzerwartungen – dabei sollten keine Aspekte wegfallen; allerdings können sich gut Überschneidungen/ Ergänzungen/ Verknüpfungen ergeben (= Lernarrangement)
3. Schritt: Ausgehend von der Anforderungssituation Begründung des inhaltlichen Vorgehens, der Schwerpunktsetzung und der didaktischen Schritte im Lernarrangement
(Didaktische Begründung mit Aspekten des Vorwissens, der Entwicklungspsychologischen Situation und der Religionsgruppe)
4. Schritt: Festlegung der Stundenthemen und möglicher Lernaufgabe(n) innerhalb der Sequenz (= Sequenzplanung)
5. Schritt: Umsetzung der inhaltlichen Vorgaben im Stundenverlaufsplan (= konkrete Unterrichtsplanung)
6. Schritt: Reflexion des Lernfortschrittes/ Kompetenzerwerbs

IDEENPOOL...

Die Überlegungen und Vorschläge für die unterrichtliche Umsetzung der Lehrplanvorgaben in diesem Praxishandbuch stellen einen allgemeinen Ideenpool dar, aus dem die Lehrkraft im Blick auf ihre spezifischen Rahmenbedingungen und die Religionsgruppe auswählen soll und kann. Deshalb sind Kürzungen oder das Auslassen bzw. Ergänzen und Verändern von Unterrichtseinheiten nicht nur möglich, sondern zu erwarten und stellen ein Qualitätskriterium für die eigene Unterrichtsplanung dar, weil sie Ausdruck einer sinnvollen Schülerorientierung sind: Die Größe der Gruppe, die Situation des Unterrichts in Einzel- oder Doppelstunden, in Randstunden oder am Nachmittag, zusammengelegte Religionsgruppen, auch jahrgangsübergreifende Gruppen stellen alltägliche Bedingungen dar, die auf diese Weise Berücksichtigung finden können.

5. Lernaufgaben

Lernaufgaben werden von Schülerinnen und Schülern über mehrere Stunden mit einem hohen Anteil Eigenaktivität in möglichst offenen Arbeitsformen bearbeitet und können zu unterschiedlichen Ergebnissen führen. Ihre Themenstellung ist deshalb nicht nur im Blick auf die inhaltlichen Vorgaben, sondern auch im Blick auf die Problemlösungsmöglichkeiten und Bearbeitungsstrategien der Schülerinnen und Schüler zu suchen. Sie motivieren, indem sie an der Lebenswirklichkeit der Schülerinnen und Schüler andocken, deren Fragestellungen aufgreifen, eigene Denk- und Arbeitsprozesse aktivieren und individuelle Lösungswege ermöglichen, in denen Kompetenzen grundgelegt, aufgebaut oder weiterentwickelt werden.

Dies wird den Schülerinnen und Schülern durch einen individuell fragenden Zugriff und Unterstützung bei unterschiedlichen Lösungsstrategien in komplexen Situationen ermöglicht. Dabei werden die Schülerinnen und Schüler im Bewusstsein eigenen Könnens und erfolgreichen Bearbeitens und Übens gestärkt, indem sie sich durch dialogisches Denken und Kommunikation gegenseitig unterstützen und gemeinsam Lösungen erarbeiten.
Lernaufgaben beziehen sich demnach auf
... die fachliche Kompetenz,
... sozial-personale Kompetenz,
... sowie auf Methodenkompetenz.

5.1. Varianten von Lernaufgaben

A. Situative Lernaufgabe

Lernaufgaben zu einer alltagsrelevanten und inhaltlich eingegrenzten Situation:
Wir planen für nächste Woche eine Feier in der Klasse (z.B. Trauerfeier für...)
-> ANWENDUNGSSITUATION

B. Themenerschließende Lernaufgabe

Themenerschließende und -umkreisende Lernaufgaben, innerhalb derer die Schülerin nen und Schüler sich selbst Fragestellungen suchen, die sie beschäftigen und mit denen sie sich auseinandersetzen wollen (z.B. Jemand ist gestorben...)
-> INFORMATIONSBESCHAFFUNG + ANWENDUNGSSITUATION

C. Themenkonstituierende Lernaufgabe

Vorgegeben ist nur der Themenbereich und die Schülerinnen und Schüler konstituieren sich ihr Thema selbst (z.B. Thema Tod und Leid ...)
-> PROBLEMSTELLUNG + INFORMATIONSBESCHAFFUNG + ANWENDUNGS-SITUATION

Innerhalb der groben Aufteilung für Lernaufgaben stellen die Varianten eine Möglichkeit dar, über mehrere Schuljahre hinweg Lernaufgaben gemeinsam mit den Schülerinnnen und Schülern in zunehmend komplexerer Form zu planen und durchzuführen.

Insofern bietet es sich an, zunächst den Typ A, der Situativen Lernaufgabe, in der 1. Jahrgangsstufe anzugehen, um dann je nach Situation der Religionsgruppe komplexere Formen einzuüben.

5.2 Grundmodell für die Entwicklung und Durchführung von Lernaufgaben:

A. Vorbereitung der Lernaufgabe

Lehrkraft:
- Vorüberlegungen zur Verortung der Lernaufgabe innerhalb der Sequenzplanung
- Blick auf die wesentliche Kompetenzerwartung der Sequenz; Schwerpunktsetzung: Welche Prozessbezogenen Kompetenzen werden besonders gefördert?

B. Konstitution der Lernaufgabe

Lehrkraft:

- Vorüberlegungen: Mit welchem Impuls kann ich Schülerinnen und Schüler zum Fragen anregen?
  Welche Fragen haben SchülerInnen und Schüler? Welche Unterstützung brauchen sie?

SchülerInnen:

1. Auseinandersetzung mit einem Impuls (Frage, Bild, Text usw.)
2. Vorwissen einbringen, Assoziationen, Ideen und Vorstellungen sammeln und ordnen (z.B. Cluster, Wortkarten usw. ...)
3. Fragestellungen, Problemanzeigen, Themen usw. herausarbeiten
4. Entwicklung verschiedener Themenfelder bzw. Bearbeitungsbereiche unter Berücksichtigung möglichst vieler Prozessbezogener Kompetenzen

C. Durchführung der Lernaufgabe

Lehrkraft:

- Vorüberlegungen: Welche Themen können bearbeitet werden? Welche Lernwege werden beschritten? Welche Sozialformen werden gewählt? Welche Materialien müssen zur Verfügung gestellt werden? Welche Unterstützung/ Anleitung brauchen die SchülerInnen und Schüler?

SchülerInnen:

5. Einzel-, Partner- oder Gruppenarbeit an einer ausgewählten Fragestellung/ einem Thema
6. Dokumentation der Arbeitsergebnisse
7. Entwicklung einer Präsentation

D. Präsentation und Lernzuwachs

Lehrkraft:

- Vorüberlegungen: Was wird als Ergebnis präsentiert? Wie werden die Ergebnisse präsentiert?
  Welche Ergebnissicherung wird den anderen Schülerinnen und Schülern ermöglicht (z.B. Portfolio aller Arbeitsergebnisse, Wandplakat...)?

SchülerInnen:

8. Präsentation der Arbeitsergebnisse, Diskussion und Auswertung in der Religionsgruppe
9. Bewusstmachen des neu Erlernten bzw. des Lernzuwachses – welches Ergebnis meiner EA oder PA oder anderer Gruppen hat mich am meisten beeindruckt bzw. ist eine wertvolle Ergänzung für meine Ergebnisse? (Prinzip: Eindruck – Ausdruck – Austausch)
10. Verknüpfung der neuen Lernergebnisse mit Anwendungsmöglichkeiten und alltagstauglichen realistischen Umsetzungsideen

E. Reflexion des Lernprozesses

Lehrkraft:

- Vorüberlegungen zur Reflexion des Lernprozesses: Welcher Lernzuwachs in der Religionsgruppe/ bei einzelnen SchülerInnen und Schülern ist mir aufgefallen? Wie war die Zusammenarbeit in den Gruppen? Wie haben die einzelnen Schülerinnen und Schüler gearbeitet? Welche inhaltlichen/ methodischen Schwierigkeiten gab es? Wie kann die Sequenz andocken?

SchülerInnen:

11. Bewusst machen des neu Erlernten bzw. des Lernzuwachses – welches Ergebnis meiner Arbeit hat mich am meisten beeindruckt?
12. Reflexion des Lernprozesses (Lerndesign, Gruppenprozesse, Lernwege, Methoden, Qualität der Arbeitsergebnisse...)
13. Wertschätzung des eigenen Lernweges („Lernen lernen")
14. ggf. Anwendung auf weitere Beispiele
15. ggf. Sammeln und Beachten offengebliebener Fragestellungen für eigenständiges Weiterarbeiten

5.3 Planung von Lernaufgaben (Planungsmodell)

In jedem Lernarrangement sollte eine Lernaufgabe eingeplant werden. Sie ist zentraler Bestandteil der Sequenzplanung. Sinnvoll erscheint dabei jeweils ein Einstiegsszenario gebundenen Unterrichts, das der Phase der Auseinandersetzung und Bearbeitung der Lernaufgabe voraus geht. Die Ergebnissicherung schließt die Lernaufgabe ab. Hier könnten dann auch inhalts- und kompetenzbezogene Leistungsnachweise erhoben werden. Lernaufgaben umfassen mehrere Unterrichtseinheiten. Dabei ist es notwendig, nicht allein am Ende der Lernaufgabe alle Ergebnisse zu präsentieren; es erscheint didaktisch sinnvoller, bei umfänglichen Aufgabenstellungen immer wieder zwischendurch die Abgleichung der Unterrichtsergebnisse vorzunehmen und darauf reagierend evtl. die Aufgaben neu zu justieren bzw. weiterzuentwickeln.
Sowohl im Rahmen der unterschiedlichen Aufgabenstellungen im Lernaufgabenbereich als auch in der Gruppenfindungsphase und der Sicherung der Zwischenergebnisse spielen die Prozessbezogenen Kompetenzen eine zentrale Rolle. Bei unterschiedlichen Aufgaben werden jeweils einzelne Kompetenzen gefördert und gefordert – idealerweise werden in einer Lernaufgabe alle sechs Prozessbezogenen Kompetenzen in den Blick genommen. Dies kann den Schülerinnen und Schülern bewusst gemacht werden, indem in den einzelnen Reflexions- und Auswertungsphasen auch konkret die Kompetenzen angesprochen werden. Für die Planung und Auswertung von Lernaufgaben, die in diesem Sinne entwickelt werden, kann das Planungsmodell Orientierung bieten:

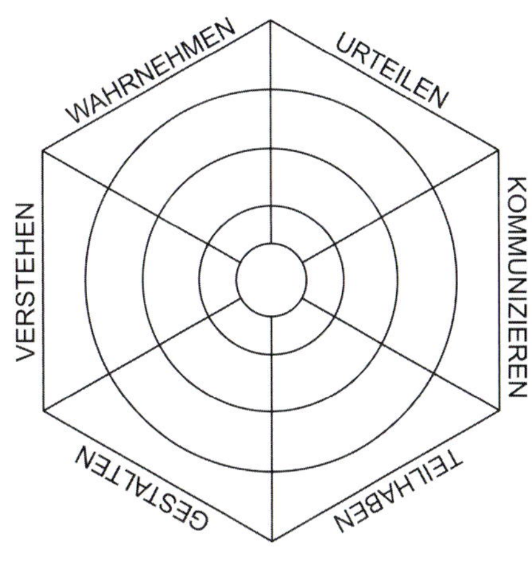

5.4 Hinweise zur Leistungserhebung

In Bezug auf die Leistungserhebung sollten im Lehrplan kompetenzorientierte Überlegungen angestellt werden. Grundsätzlich sind dazu die Prozessbezogenen Kompetenzen von Bedeutung, die wir im Rahmen der Visualisierung als Kompetenzblume auch für die so genannte Leistungserhebung im Religionsunterricht vorschlagen. Es erscheint wichtig, dass Schülerinnen und Schüler alle sechs Prozessbezogenen Kompetenzen weiter entwickeln und der Kompetenzerwerb von der Lehrkraft nicht nur initiiert, sondern auch eingeschätzt und den Schülerinnen und Schülern rückgemeldet wird. Vor diesem Hintergrund soll eine Pädagogisierung der Leistungsmessung und ein Beitrag zur Schülerbeobachtung bzw. Selbstevaluation ermöglicht werden, der auch von einer Feedbackkultur den Schülerinnen und Schülern gegenüber begleitet ist.

Vorstellbar wäre, nach jeder Unterrichtsstunde für einzelne Schülerinnen und Schüler mithilfe der Kompetenzblume eine Einschätzung der individuellen Entwicklung in den unterschiedlichen Prozessbereichen vorzunehmen und diese im Profil der Kompetenzblume zu kennzeichnen.

Anmerkungen im Kompetenzbereich können vorgenommen werden

- nach jeder Unterrichtseinheit für einzelnen Schülerinnen und Schüler

- bei Beobachtungen der Schülerinnen und Schüler während der Lernaufgabe, so dass im Verlauf des Lernarrangements alle Schülerinnen und Schüler der Religionsgruppe in den Blick genommen werden. Diese kompetenzorientierte Einschätzung der Schülerleistung soll wesentlicher Bestandteil der Benotung neben der schriftlichen Leistungserhebung sein.

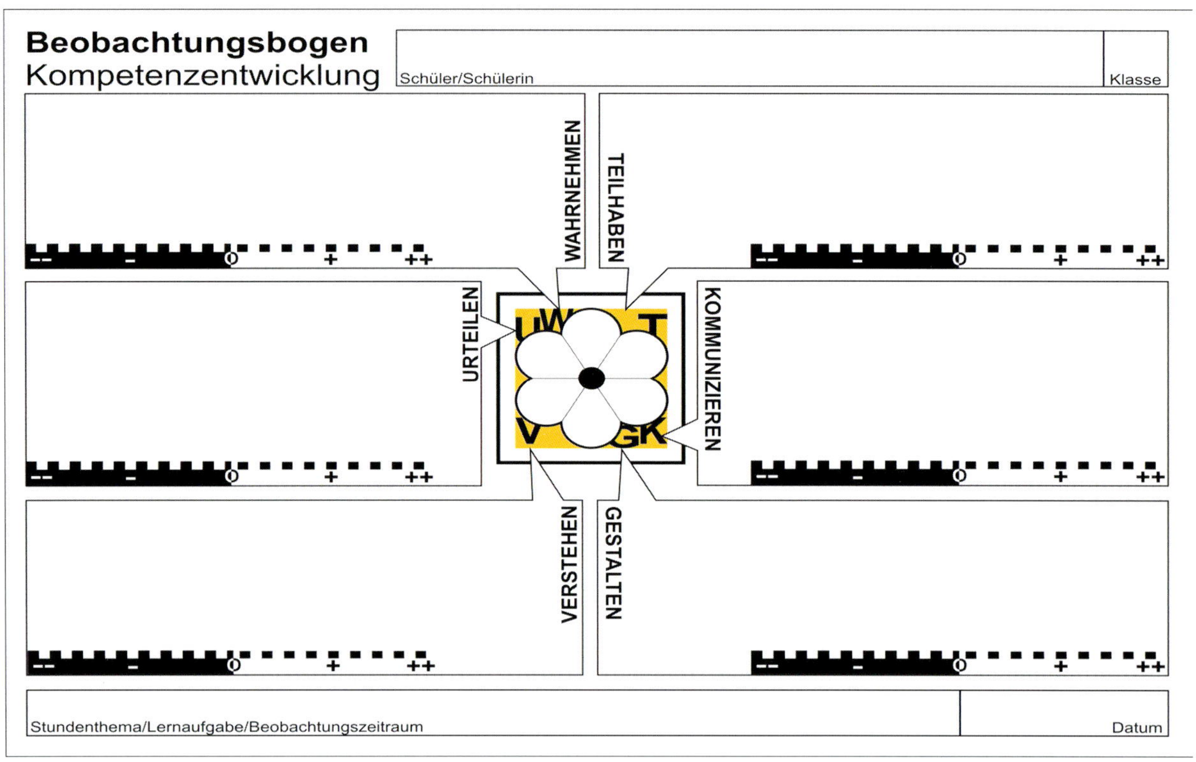

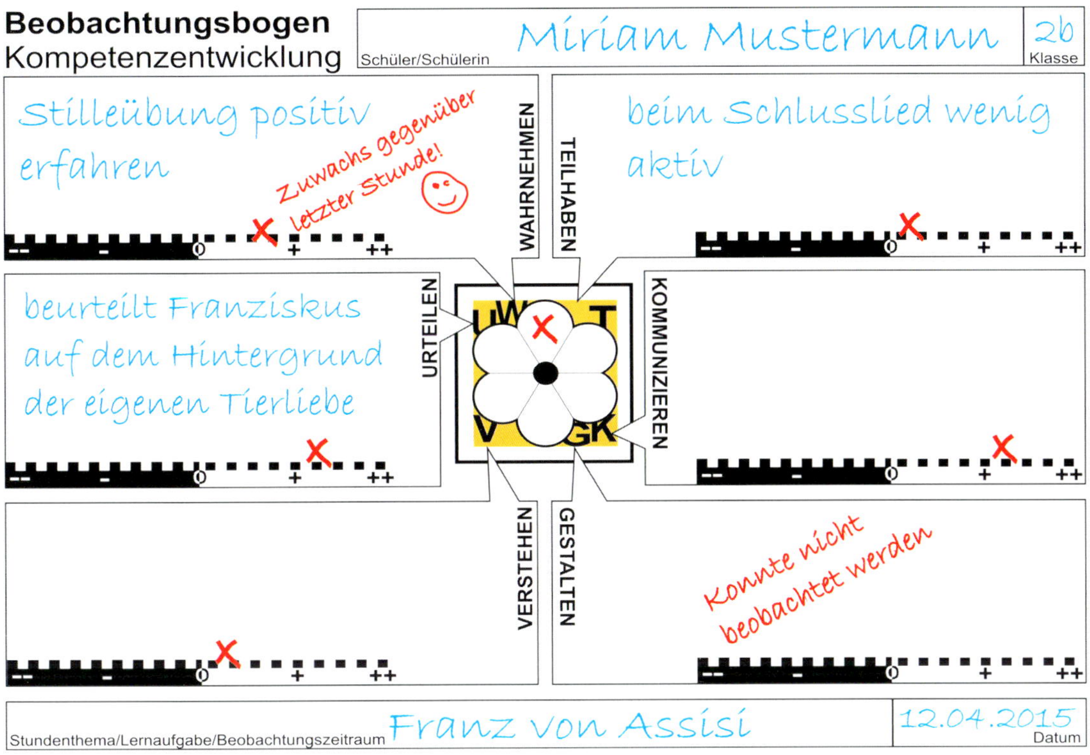

Immer wieder im Verlauf des Schuljahres können die Schülerinnen und Schüler dazu aufgefordert werden, sich selbst einzuschätzen. Dazu bedarf es einer Einschulung und Übersetzung der Prozessbezogenen Kompetenzen in schülernaher Form.

Vorschlag für einen Beobachtungsbogen zu den Prozessbezogenen Kompetenzen, den die Schülerinnen und Schüler selbst ausfüllen können:

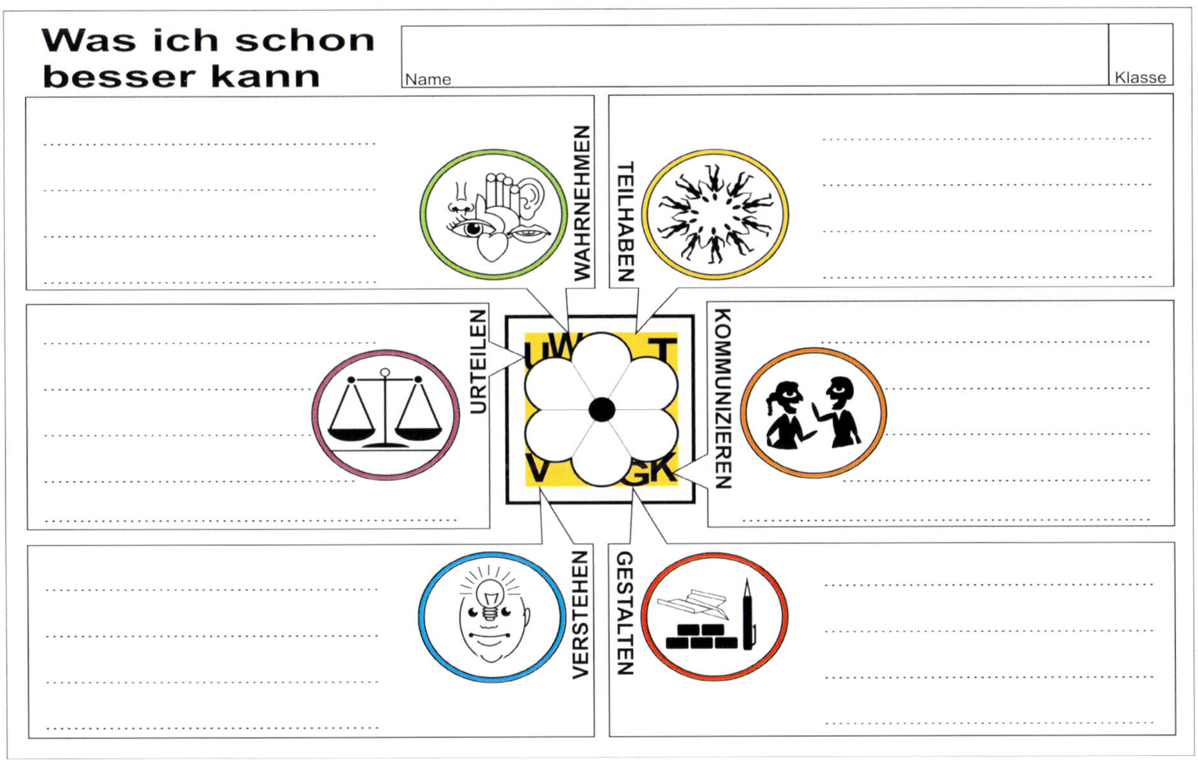

6. Praxisteil Jahrgangsstufe 1/ 2

6.1 Verlaufsplanung – Modell

Eine Unterrichtseinheit wird in einzelne Lernschritte gegliedert. Diese werden auch als Artikulationsstufen oder Unterrichtsphasen bezeichnet:

PLANUNGSIDEEN

Bei dieser Aufzählung handelt es sich um allgemeine Hinweise zur Unterrichtsartikulation, die jede Lehrkraft im Blick auf die Schülerinnen und Schüler und eine gelungene Dynamik der Unterrichtsstunde auswählen und planen muss. Das Praxishandbuch stellt in diesem Kontext Hinweise und Anregungen zur Verfügung, die in Artikulationsstufen oder Lernschritten jeweils umzusetzen sind. Diese Planungsideen dürfen keinesfalls als Struktur für Artikulationsschritte missverstanden werden, denn sie sind schlagwortartig auf die inhaltlichen Aspekte einer Religionsstunde bzw. Unterrichtseinheit reduziert und insofern als Impuls und nicht als ausgearbeitete Unterrichtsverlaufsplanungselemente zu verstehen.

Vorphase:	z.B. Einstimmung, Ankommen, sich Sammeln, …
Anfangsphase:	z.B. Hinführung, Anknüpfung, Einstieg, Motivation, Problemstellung, Problemfindung, Sensibilisierung für das Thema, …
Erarbeitungsphase(n):	z.B. Eindruck und Austausch, Konkretisierung, Darbietung, Textbegegnung, Provokation, Konfrontation, Interpretation, Erarbeitung, Problemdurchdringung, …
Vertiefungsphase:	z.B. (individueller) Ausdruck, Teilzusammenfassung, Identifikation, Wertung, Reflexion, Erweiterung, Transfer, Konstruktion, Sicherung, Aktualisierung, Anwendung, ...
Schlussphase:	z.B. Ausblick, Ausklang, Abschluss, …

6.2 Propädeutische Module für den Schuljahresbeginn (Ich – Du – Gemeinschaft – Rituale – Gebet)

Fulbert Steffensky: Kindheitserinnerungen[1]

„Ich erinnere mich gerne an eine Geste meiner Mutter aus unserer Kindheit. Wenn wir in die Schule gingen, hat sie uns jedes Mal ein Kreuzzeichen auf die Stirn gemacht. Sie tat das ohne jede Ergriffenheit. Es gehörte zum Morgen wie das Butterbrot, das man bekam. Wenn aber eins von uns Kindern krank war oder wenn eins für länger Abschied nahm, dann war meine Mutter eine wirkliche Künstlerin. Sie war ganz in ihrer Geste, mit ihrer Sorge, mit ihrer Liebe, mit ihrer Trauer. Die kleine Gebetsgeste war wie eine Wüstenpflanze, die tot schien und nun aufgewacht

1 (aus: Publik forum Extra „Beten", S. 6)

war, nachdem sie das Wasser der Trauer und der Sorge bekommen hatte. Dies war aber nur möglich, weil meine Mutter es lange geübt hatte; weil sie die Formelhaftigkeit des Gebets lange ausgehalten hatte. Weil sie es lange mit halbem Herzen getan hatte, konnte sie es in der Stunde des Abschieds mit ganzem Herzen tun. In der langen, trockenen Gebetsübung ist oft ein Moment der Formelhaftigkeit, das die Wahrheit des Gebets nicht zerstört, das die Situation des Ernstes vorbereitet und erst möglich macht. Man kann sich nicht erst im Ernstfall erfinden; man kann das notwendige Gebet nicht erst dann erfinden, wenn man es braucht, wie der Moment des Ertrinkens ungeeignet dazu ist, schwimmen zu lernen. Es ist ein falscher Begriff von Redlichkeit, für alle Worte und Gesten sich immer das ganze Herz abverlangen zu wollen und diese zu unterlassen, wenn die Ganzheit nicht möglich ist und wenn man nichts von ihr spürt. In keinem Entwurf spiritueller Selbstgestaltung war es erlaubt, das Gebet und die Übung zu unterlassen, nur weil man fühllos war und weil das Herz der Sprache nicht nachkam. Das halbe Gebet von heute sorgt für das ganze von morgen."

Es erscheint hilfreich und notwendig, im Verlauf der Grundschulzeit mit den Schülerinnen und Schülern Rituale einzuüben, die ihnen selbst und dem Religionsunterricht Orientierung und Struktur geben. Dabei ist auch zu berücksichtigen, dass Schülerinnen und Schüler in Religionsgruppen zusammen kommen, die nicht dem Klassenverbund entsprechen. Rituale können dazu beitragen, das Gemeinschaftsgefühl zu fördern und die Gruppenfindung zu erleichtern. Zunächst sollten vor allem zentrale Rituale bedacht werden, z.B.

Versammeln im Morgenkreis

Zu Beginn der Unterrichtseinheit empfiehlt sich z.B. ein Morgenkreis. Die Kinder werden dazu an einen Ort im Klassenzimmer gerufen, wo sie sich im Kreis versammeln können (z.B. auf Sitzkissen, Stühlen oder im Stehen). Mit dem Aufrufen der Kinder kann die Reihenfolge im Kreis bestimmt werden, so dass sehr lebendige Kinder nicht unbedingt nebeneinander sitzen/stehen. Es gibt verschiedene Möglichkeiten, die Kinder in den Kreis zu rufen:

- die Lehrkraft ruft jedes Kind einzeln beim Namen
- die Kinder werden nacheinander angeblinzelt
- die Kinder sitzen mit verschränkten Armen am Tisch und warten auf eine Berührung (z.B.) an der Schulter, die sie einlädt, in den Kreis zu kommen
- die Kinder sitzen mit geschlossenen Augen an ihrem Platz und warten darauf, dass ihnen ihr Name leise ins Ohr geflüstert wird
- die Kinder hören auf den Ton einer Klangschale oder einer Zimbel und warten, bis die Lehrkraft sie ansieht und ihnen zunickt.

Wichtig ist, dass schon das Gehen in den Kreis leise und sammelnd geschieht und sich die Schülerinnen und Schüler in Ruhe zusammen finden. Die Mitte des Kreises soll ästhetisch schön gestaltet sein, z.B. mit einem Tuch und einer Kerze. Die Kerze kann als Zeichen für „Jesus/ Gott in unserer Mitte" mit den Kindern in der ersten Stunde gestaltet werden. In jeder Stunde kann ein anderes Kind die Kerze entzünden.

Ankommen

Der Sinn eines Morgenkreises ist das je eigene Ankommen in der Runde beieinander und „vor Gott". So werden die Schülerinnen und Schüler im nächsten Schritt eingeladen, mit einfachen Symbolen ihre momentane Situation zu benennen und damit auch zu reflektieren. Beispielsweise könnten folgende Symbole Verwendung finden:

- Nuss und Feder
- Sonnenstrahl und Regentropfen
- Stein und Edelstein
- Verschiedene Smileys (traurig – fröhlich – unentschieden)
- …

Wichtig ist, dass die Symbole ansprechend und ästhetisch schön sind, verschiedene Gemütszustände zum Ausdruck bringen und für die Schülerinnen und Schüler einladend wirken. Sie wählen aus einer Schatzkiste ein Symbol aus, das zu ihrer aktuellen Situation passt. Reihum sind sie eingeladen zu erzählen, warum sie dieses Symbol gewählt haben. Diese Situation können sie in ein Gebet münden lassen, z.B. Ich habe mir eine Feder gewählt, weil ich mich freue, dass… - Gott, ich danke dir…!" oder „Ich habe einen Stein gewählt, weil mein Meerschweinchen krank ist… - Gott, ich bitte dich…!". Wichtig ist die Achtsamkeit im Kreis (Ruhe, Zuhören, nicht auslachen). Hilfreich ist es, wenn die Lehrkraft selbst den Anfang macht und den Kindern so ein Stück weit Beispiel ist. Am Ende der Runde ist es gut, die Situationen nochmals in einem abschließenden Gebet zusammenzufassen, z.B. mit: „Liebevoller Gott, so geht es uns heute…"

Segen

Das gemeinsame Kreuzzeichen kann die Runde dann abschließen. Entweder macht jeder selbst ein einfaches Kreuzzeichen auf Stirn, Mund und Herzen oder die Kinder zeichnen sich gegenseitig als Segensgeste ein Kreuzzeichen auf die Stirn. Dies kann auch mit Weihwasser geschehen und die Kinder empfänglich machen für die segnende Geste und das Vertrauen auf Gott, der mitgeht.

Abschluss

Zum Abschluss können die Kinder

- sich die Hände geben und einem Nachbarn einen guten Morgen wünschen
- einander „Shalom" – den Frieden wünschen: „Der Friede sei mit dir!"

- sich an den Händen fassen und sich gemeinsam einen schönen guten Morgen wünschen
- gemeinsam einen Begrüßungsvers sprechen,
  z.B. „Ich bin da – du bist da, das ist einfach wunderbar! …“

Alternativen zur ausführlichen Form des Morgenrituals:

- gemeinsam ein Lied singen
- gemeinsam ein Gebet sprechen
- Schülerinnen und Schüler beten ein selbst ausgewähltes Gebet
- einem Ton (z.B. Klangschale) nachhören, bis er verklungen ist
- auf die Geräusche hören, von denen wir umgeben sind
- …

ABSCHLIESSEND...

...möchten wir noch Folgendes anmerken:
Die Ausarbeitung der nun folgenden drei Lernarrangements sind nur Skizzen einer möglichen Verlaufsplanung, die ergänzt, vertieft oder auch verkürzt werden kann, je nach Situation vor Ort.
Die Ausarbeitungenen gehen von Einzelstunden aus, so dass der Übertrag auf Religionsunterricht in Doppelstunden entsprechende Veränderungen, Kürzungen und Schwerpunktsetzungen erfordert, die die einzelne Lehrkraft im Blick auf die Unterrichtssituation vor Ort am besten selbst vornehmen kann.

Lernarrangement 1: Schuljahresanfang bis Weihnachten

Jahrgangsstufe 1

Grundlegende Kompetenz Gegenstandsbereich „Mensch und Welt“	Grundlegende Kompetenz Gegenstandsbereich „Frage nach Gott“	Grundlegende Kompetenz Gegenstandsbereich „Bibel und Tradition“
Die Schülerinnen und Schüler nehmen sich selbst in ihrer Einmaligkeit wahr und erkennen, wie sie in unterschiedlichen Gemeinschaften eingebunden sind. Sie sind aufmerksam für die Bedürfnisse ihrer Mitmenschen und zeigen im Rahmen ihrer Möglichkeiten Bereitschaft zu helfen. Sie beziehen die biblische Botschaft, dass Gott die Welt und jeden Menschen liebt, auf sich und drücken dabei ihre Freude über die Schöpfung Gottes in vielfältiger Weise aus.	Die Schülerinnen und Schüler bringen ihre Gedanken und Fragen über Gott und sein Wirken zur Sprache, entdecken Gottes Menschenfreundlichkeit und verlässliche Begleitung in biblischen Zeugnissen und verbinden diese Gottesvorstellung mit eigenen Lebenssituationen und Erfahrungen. Sie verstehen das Gebet als Ausdruck einer vertrauensvollen Beziehung zu Gott und gestalten Formen des Gebets mit.	Die Schülerinnen und Schüler beschreiben und schätzen die Bibel als Buch, in dem Menschen im Geist Gottes von ihrem Leben und ihren Erfahrungen mit Gott und Jesus Zeugnis geben. Sie kennen Erzählungen aus dem Alten Testament und erschließen damit eigene Erfahrungen
Lernbereich 1. Jeder Mensch – einmalig und gemeinschaftsbezogen	**Lernbereich 3. Nach Gott fragen - Gottesvorstellungen und biblische Glaubenszeugnisse**	**Lernbereich 5. Die Heilige Schrift - biblische Glaubenserfahrungen** (Teil 1*) **Schwerpunkt: Psalmen, z.B. 23, 139... aus LB 5**
Kompetenzerwartungen: Die Schülerinnen und Schüler • nehmen ihren Körper, ihre Fähigkeiten und Gefühle wahr und sind sich ihrer Individualität bewusst (W) • begreifen sich als Teil einer Gruppe, zeigen Interesse und Offenheit für einander und erfassen den Wert von Beziehungen (V, U, K; T) • bringen in kreativer Weise die christliche Grundüberzeugung zum Ausdruck, dass Gott jeden Menschen annimmt und liebt, wie er ist (G) • begegnen einander wertschätzend, hilfsbereit und verantwortungsbewusst. (T)	**Kompetenzerwartungen:** Die Schülerinnen und Schüler • bringen ihre eigenen Gedanken und Fragen zu Vorstellungen von Gott und seinem Wirken zum Ausdruck • tauschen sich darüber aus, um die religiösen Überzeugungen anderer wahrzunehmen (G, K) • deuten im Zusammenhang mit eigenen Erfahrungen die biblische Botschaft, dass Gott die Menschen in allen Lebenssituationen begleitet (V, K)	**Kompetenzerwartungen:** Die Schülerinnen und Schüler • sind sich trauriger und freudiger Erlebnisse im eigenen Leben bewusst und tauschen sich darüber aus, wie die biblische Botschaft von Gott für Menschen in unterschiedlichen Lebenssituationen Hilfe, Zuspruch und Aufforderung sein kann (V, K, T) (*Aspekte dieser GK werden in der Jgst 1 im Lernarrangement 1 und 2 und in der Jgst 2 ebenfalls im Lernarrangement 1 und 2 bearbeitet = BT Teile 1 – 4)

Sonderstunden:

- Eine kleine Lernaufgabe: „Ein neuer Schüler…“
- 2 – 4 Stunden Kirchenjahr – Weihnachten – Brauchtum (Teil 1), symboldidaktischer Ansatz „Licht“ Vgl. Kompetenzerwartung aus Lernbereich 6 (JC): „Die Schülerinnen und Schüler erzählen ausgewählte biblische Zeugnisse von der Geburt Jesu und gestalten Advent und Weihnachten im schulischen und familiären Umfeld mit (K,G,T).“

Und vgl. Kompetenzerwartung aus Lernbereich 9 (KG): „Die Schülerinnen und Schüler nehmen die Hauptfeste des Kirchenjahres als Feier des Glaubens an Jesus Christus wahr und gestalten sie im schulischen Umfeld mit (W, G)“

Lernarrangement 2: Weihnachten bis Ostern

**Grundlegende Kompetenz
Gegenstandsbereich
„Bibel und Tradition“**

Die Schülerinnen und Schüler beschreiben und schätzen die Bibel als Buch, in dem Menschen im Geist Gottes von ihrem Leben und ihren Erfahrungen mit Gott und Jesus Zeugnis geben. Sie kennen Erzählungen aus dem Alten Testament und erschließen damit eigene Erfahrungen.

**Grundlegende Kompetenz
Gegenstandsbereich
„Jesus Christus“**

Die Schülerinnen und Schüler stellen wichtige Stationen des Lebensweges Jesu Christi von seiner Geburt, seiner Hinwendung zu den Menschen bis zu Jesu Tod und Auferstehung auf vielfältige Weie dar, um mit grundlegendem Wissen über das Wirken und die Bedeutung Jesu Christi eine eigene Beziehung zu ihm zu finden.

**Lernbereich 5.
Die Heilige Schrift
– biblische Glaubenserfahrungen**
(Teil 2)
Schwerpunkt:
**Bibel als Buch des Glaubens, Umfeld der Bibel
(aus LB 5)**

Kompetenzerwartungen:

Die Schülerinnen und Schüler
- verstehen und schätzen die Bibel als Zeugnis des Glaubens an Gott und stellen Bezüge zu bereits bekannten Erzählungen her (V, U, G)
- nehmen das Lebensumfeld biblischer Personen wahr und unterscheiden es von heutigen Lebensverhältnissen (W, U)
- erzählen biblische Geschichten des Alten Testamentes und finden in gestalterischen Formen eigene Zugänge zur Botschaft von der Nähe Gottes (K,G)

**Lernbereich 6.
Die Zuwendung Jesu zu den Menschen –
die Botschaft vom Reich Gottes**

Kompetenzerwartungen:

Die Schülerinnen und Schüler
- erschließen biblische Geschichten der Zuwendung Jesu zu den Menschen und bringen in unterschiedlichen Darstellungsformen zum Ausdruck, wie Menschen das Handeln Jesu erleben (V, K, U, G)
- verbinden das Handeln Jesu mit seiner Botschaft vom Reich Gottes (V, K)

Sonderstunden:
- Lernaufgabe: „Palästinensisches Dorf“
- 2- 4 Stunden Kirchenjahr – Ostern (Teil 1) – Leben – Leiden - Auferstehen
  Vgl. Kompetenzerwartung aus Lernbereich 7 (JC): „Die Schülerinnen und Schüler benennen die einzelnen Festtage der Heiligen Woche, deuten österliche Zeichen und Symbole als Ausdruck christlicher Auferstehungshoffnung und gestalten Ostern im familiären und schulischen Rahmen mit.“
  Und vgl. Kompetenzerwartung aus Lernbereich 9 (KG): „Die Schülerinnen und Schüler nehmen die Hauptfeste des Kirchenjahres als Feier des Glaubens an Jesus Christus wahr und gestalten sie im schulischen Umfeld mit (W, G)“

Lernarrangement 3: Ostern bis Schuljahresende

Grundlegende Kompetenz
Gegenstandsbereich
„Jesus Christus"

Die Schülerinnen und Schüler stellen wichtige Stationen des Lebensweges Jesu Christi von seiner Geburt, seiner Hinwendung zu den Menschen bis zu Jesu Tod und Auferstehung auf vielfältige Weise dar, um mit grundlegendem Wissen über das Wirken und die Bedeutung Jesu Christi eine eigene Beziehung zu ihm zu finden

Grundlegende Kompetenz
Gegenstandsbereich
„Kirche und Gemeinde"

Die Schülerinnen und Schüler nehmen den Kirchen raum als Ort der besonderer Gegenwart Gottes, de Gebets und des Gottesdienstes wahr und verstehe Kirche als Gemeinschaft, der Christen durch die Ta angehören. Sie erkennen, dass Christen im Gebet, der Feier des Sonntags und in den Festen im Kirch jahr ihren Glauben an Jesus Christus zum Ausdruc bringen, und gestalten dies in Ansätzen mit.

Lernbereich 7.
Jesus, der Christus –
Leben, Leiden, Tod und Auferstehung

Kompetenzerwartungen:

Die Schülerinnen und Schüler

- kennen den Weg von Jesu Leiden, Tod und Auferstehung und gestalten ihn auf vielfältige Weise (V,G)
- benennen die einzelnen Festtage der Heiligen Woche, deuten österliche Zeichen und Symbole als Ausdruck christlicher Auferstehungshoffnung und gestalten Ostern im familiären und schulischen Rahmen mit (K,G)

Lernbereich 8.
In der Gemeinde leben
– zur katholischen Kirche gehören

Kompetenzerwartungen:

Die Schülerinnen und Schüler

- verstehen, dass der Glaube Gemeinschaft bildet und bringen dies in unterschiedlichen Gestaltungs formen zum Ausdruck (V, G)
- nehmen Kirche als Ort der besonderen Gegenwar Gottes, des Gebetes und der Feier des Gottesdienstes wahr und benennen wichtige Einrichtung des Kirchenraumes (W, V, U, K)
- beschreiben am Beispiel eines Heiligen, wie Menschen ihr Leben aus dem christlichen Glauben gestalten, und drücken aus, was sie daran vorbildlich finden (V, U, K, T)
- verstehen die Taufe als Siegel der Zugehörigkeit z Christus in der Gemeinschaft der Kirche (V)
- erkennen, dass der Glaube an Jesus Christus der Christen aller Konfessionen gemeinsam ist und sic zugleich unterschiedlich entfaltet (V, U, T)

Sonderstunden:

- 2- 4 Stunden Kirchenjahr – Ostern (Teil 2) – Österliches Brauchtum

Vgl. Kompetenzerwartung aus Lernbereich 7 (JC): „Die Schülerinnen und Schüler benennen die einzelnen Festtage der Heiligen Woche, deuten österliche Zeichen und Symbole als Ausdruck christlicher Auferstehungshoffnung und gestalten Ostern im familiären und schulischen Rahmen mit."
Und vgl. Kompetenzerwartung aus Lernbereich 9 (KG): „Die Schülerinnen und Schüler nehmen die Hauptfeste des Kirchenjahres als Feier des Glaubens an Jesus Christus wahr und gestalten sie im schulischen Umfeld mit (W, G)"

- Lernaufgabe: Vorbereitung und Durchführung einer ökumenischen Feier

Module zu

… außerschulische Lernorte, z.B. Kirchenraumpädagogik (1): Ort der Begegnung mit Gott – Ort der sich im Namen Jesu Versammelnden (Christen- Heilige)
… Symboldidaktik (1): Taufe, Osterbrauchtum
… durchgängige Gebetserziehung und Rituale

SEQUENZÜBERSICHT LERNARRANGEMENT 1

Sequenzübersicht Lernarrangement 1 (MW, FG, BT)

Grundlegende Kompetenz „Mensch und Welt"[1]

Die Schülerinnen und Schüler nehmen sich selbst in ihrer Einmaligkeit wahr und erkennen, wie sie in unterschiedlichen Gemeinschaften eingebunden sind. Sie sind aufmerksam für die Bedürfnisse ihrer Mitmenschen und zeigen im Rahmen ihrer Möglichkeiten Bereitschaft zu helfen. Sie beziehen die biblische Botschaft, dass Gott die Welt und jeden Menschen liebt, auf sich und drücken dabei ihre Freude über die Schöpfung Gottes in vielfältiger Weise aus.

Lernbereich 1. Jeder Mensch – einmalig und gemeinschaftsbezogen

Ausgewählte Kompetenzerwartungen:
Die Schülerinnen und Schüler

- nehmen ihren Körper, ihre Fähigkeiten und Gefühle wahr und sind sich ihrer Individualität bewusst (W)
- begreifen sich als Teil einer Gruppe, zeigen Interesse und Offenheit füreinander und erfassen den Wert von Beziehungen (V, U, K,T)
- bringen in kreativer Weise die christliche Grundüberzeugung zum Ausdruck, dass Gott jeden Menschen annimmt und liebt, wie er ist (G)
- begegnen einander wertschätzend, hilfsbereit und verantwortungsbewusst (T)

Grundlegende Kompetenz „Die Frage nach Gott"

Die Schülerinnen und Schüler bringen ihre Gedanken und Fragen über Gott und sein Wirken zur Sprache, entdecken Gottes Menschenfreundlichkeit und verlässliche Begleitung in biblischen Zeugnissen und verbinden diese Gottesvorstellung mit eigenen Lebenssituationen und Erfahrungen. Sie verstehen das Gebet als Ausdruck einer vertrauensvollen Beziehung zu Gott und gestalten Formen des Gebets mit.

Lernbereich 3. Nach Gott fragen - Gottesvorstellungen und biblische Glaubenserfahrungen

Ausgewählte Kompetenzerwartungen
Die Schülerinnen und Schüler

- bringen ihre eigenen Gedanken und Fragen zu Vorstellungen von Gott und seinem Wirken zum Ausdruck
- tauschen sich darüber aus, um die religiösen Überzeugungen anderer wahrzunehmen (G, K, W)
- deuten im Zusammenhang mit eigenen Erfahrungen die biblische Botschaft, dass Gott die Menschen in allen Lebenssituationen begleitet (V, G, K)

---

1 Bei den Textstellen im Kästchen handelt es sich jeweils um wörtliche Zitate aus dem Lehrplan*PLUS* Grundschule

Die Schülerinnen und Schüler beschreiben und schätzen die Bibel als Buch, in dem Menschen im Geist Gottes von ihrem Leben und ihren Erfahrungen mit Gott und Jesus Zeugnis geben. Sie kennen Erzählungen aus dem Alten Testament und erschließen damit eigene Erfahrungen.

Lernbereich 5. Die heilige Schrift – biblische Glaubenserfahrungen (Teil 1)

Ausgewählte Kompetenzerwartungen:
Die Schülerinnen und Schüler

- sind sich trauriger und freudiger Erlebnisse im eigenen Leben bewusst und tauschen sich darüber aus, wie die biblische Botschaft von Gott für Menschen in unterschiedlichen Lebenssituationen Hilfe, Zuspruch und Aufforderung sein kann (V, K, T)

Begründung des inhaltlichen Vorgehens im Lernarrangement 1:

Die Schülerinnen und Schüler erleben sich in der Institution Schule als die Kleinen und als neue Mitglieder einer noch unbekannten Klassengemeinschaft. Das kann sie verunsichern, aber auch motivieren, mit Anderen Kontakt aufzunehmen und dabei sich selbst mit ihren Talenten, Begabungen, Wünschen und Hoffnungen ins Spiel zu bringen. Deshalb ist es wichtig, dass sie die Möglichkeit haben, sich in den ersten Stunden des Religionsunterrichtes als neue Gruppe zu konstituieren. Um mit den Nöten und Lernchancen in dieser Situation angemessen umgehen zu können, sollen die Schülerinnen und Schüler in der Aufbereitung der Lernbereiche dieses Lernarrangements einen anthropologischen Zugang zur Frage der Bedeutung jedes Menschen im christlichen Kontext finden.
Sie nehmen wichtige Aspekte im Blick auf ihre Einmaligkeit und die jedes anderen wahr und vergegenwärtigen gleichzeitig die lebensmehrende Verbindung Einzelner in der Gemeinschaft. Sie verstehen sich als Individuen mit froh machenden und problematischen Lebenserfahrungen, begegnen sich in gegenseitiger Wertschätzung und entdecken Hilfsbereitschaft als sinnvolle Lebensperspektive.
Aus der jüdisch-christlichen Tradition können sie in diesem Zusammenhang die schöpfungstheologische Überzeugung nachvollziehen, dass allen Menschen der gleiche Wert zukommt, weil sie als Teil der Schöpfung Gottes zu verstehen sind und sich jeder Einzelne und die Gemeinschaft der Menschen der bedingungslosen Zuwendung und Liebe Gottes gewiss sein darf. In den biblischen Zeugnissen, in denen dieser Glaube zum Ausdruck kommt, entdecken sie Gott als verlässlich und sich ihnen immer wieder liebend zuwendend. Fragend und suchend bringen sie ihre Vorstellungen und Ideen zu Gott ein. Sie erahnen, dass dieser Gott nie ganz ausgedacht und verstanden werden kann und insofern für sie und alle Menschen ein Geheimnis bleibt, jedoch im Gebet ansprechbar ist und auf diese Weise den Menschen begegnet. Deutlich wird dies anfangshaft in der weihnachtlichen Frohbotschaft, die Jesus als den von Gott Kommenden kennzeichnet, der unter uns Menschen als Mensch geboren wird. Diese Glaubensaussage kann den Schülerinnen und Schülern in einem symboldidaktisch ausgerichteten Kontext mit Hilfe der Lichtsymbolik anfanghaft eingängig werden.

Einführungsstunde 1: „Wir kommen zusammen – unser Ankommritual“
Zum konfessionellen Religionsunterricht werden die Schülerinnen und Schüler einer Klasse meist erstmals in unterschiedliche Gruppen aufgeteilt, müssen manchmal noch das Klassenzimmer wechseln und sich nicht nur an eine neue Lehrkraft, sondern auch an neue Mitschülerinnen und Mitschüler gewöhnen. Das kann sie neugierig machen, aber auch verunsichern. In den ersten Stunden ist es deshalb wichtig, mit den Schülerinnen und Schülern ein gemeinsames Ritual einzuführen, das ihnen hilft, untereinander in der Gruppe anzukommen, aber auch ruhig zu werden und auszusprechen, was sie bewegt. Das gemeinsame Ankommritual sollte in wenigstens einer Stunde der Woche über das Schuljahr hinweg weitergeführt werden.

Einführungsstunde 2: „Wir lernen uns kennen“
In der ersten Religionsstunde haben sich die Schülerinnen und Schüler ansatzweise miteinander vertraut gemacht, bei zusammengelegten Gruppen sind allerdings die Namen der Schülerinnen und Schüler noch nicht bekannt. In spielerischer Form lernen sie sich nun beim Namen kennen und bringen diesen symbolisch auch auf der Gruppenkerze zum Ausdruck. Das kann ihnen den Umgang miteinander erleichtern und Freude am Zusammenkommen im Religionsunterricht vermitteln.

Einführungsstunde 3: „Eine Tür tut sich auf für mich!“
Die Schülerinnen und Schüler der Religionsgruppe haben mit dem Eintritt in die Schule einen neuen Lebensabschnitt begonnen, der ihnen neue Lern- und Entwicklungschancen ermöglicht. Für manche Schülerinnen und Schüler war dies vielleicht ein lang ersehnter Schritt, andere wären möglicherweise gerne im Kindergarten geblieben. Im Symbol der Tür, das sich die Schülerinnen und Schüler von ihren symboldidaktischen Fähigkeiten nur anfanghaft erschließen können, lernen sie ein Bild kennen, das neue Räume eröffnet. Das kann sie motivieren, sich auf den neuen Raum „Schule“ mit allen Möglichkeiten erwartungsvoll und gespannt einzulassen.

1. Stunde: „Das bin ich – mich gibt es nur einmal – mein Aussehen, meine Familie, meine Freunde“
Nach dem Anfangsritual (das über die gesamte Sequenz konsequent eingeschult wird - vgl. S. 20) bleiben die Schülerinnen und Schüler im Stuhlkreis und beschäftigen sich mithilfe eines Spiegels mit dem eigenen Gesicht und dessen Einmaligkeiten, die sie mit Lied und kreativem Gestalten wertschätzen. Sie gestalten ein Arbeitsblatt, mit dem sie sich als Individuen in der Gemeinschaft darstellen und sich des Wertes von Gemeinschaft bewusst werden.
Im gemeinsamen Betrachten aller Arbeitsblätter schließt die Unterrichtseinheit mit einem einfachen Liedruf, in dem Lob, Dank und Wertschätzung zum Ausdruck kommen.

2. Stunde: „Was ich schon alles kann“
Die Schülerinnen und Schüler vergegenwärtigen sich mithilfe eines Spiegels als stummem Impuls die wesentlichen Aspekte der vorangegangenen Unterrichtseinheit. Sie gestalten einen Handabdruck, der Ausgangspunkt eigener Überlegungen dazu ist, was jede/r Einzelne schon alles kann. Die Ergebnisse stellen sich die Schülerinnen und Schüler gegenseitig vor, wertschätzen die Fähigkeiten der Anderen und verbinden am Ende der Unterrichtseinheit alle Arbeitsergebnisse (Hände) zu einem Klassenplakat. Mit einem kurzen Gebet zum gemeinsamen Ergebnis endet die Unterrichtseinheit.

3. Stunde: „Das sind wir – uns gibt es nur einmal! (Religionsgruppe)“
Anknüpfend an das Gebet der letzten Stunde wird die vorangegangene Unterrichtseinheit rekapituliert. Spielerisch entdecken die Schülerinnen und Schüler, dass sie zu unterschiedlichen Gruppen gehören und nehmen Gemeinschaft als positiv wahr. Sie erkennen, dass die einzige Gemeinschaft, die alle verbindet, die Religionsgruppe ist.

Um dies zu gestalten und der Individualität in der Gemeinschaft Ausdruck zu geben, erstellen die Schülerinnen und Schülern eigene Schattenbilder, die auf einem Plakat zusammengetragen werden. Die Stunde schließt mit einem gemeinsamen Gebet zum Psalm 139.

4. Stunde: „Wir sind eine Gemeinschaft – wir können viel miteinander machen“
(Eine kleine Lernaufgabe)

In einer Imaginationsübung spüren die Kinder dem Gefühl der Einsamkeit nach als Einstimmung in eine Lehrererzählung zum Thema Gemeinschaft, die mithilfe eines Arbeitsblattes für die Schülerinnen und Schüler aufbereitet wird. In Einzelarbeit können sie zwischen einer einsamen, isolierten Situation und dem Agieren in der Gemeinschaft unterscheiden und dem Ausdruck verleihen. Das kann sie motivieren, gemeinsam mit den Mitschülerinnen und Mitschülern empathisch und achtsam Menschen ihrer Umgebung wahrzunehmen.

5. Stunde: „Zusammenleben ist nicht immer leicht“

Mithilfe einiger Aussagen zum Wert von Gemeinschaft rekapitulieren die Schülerinnen und Schüler die Ergebnisse der vorangegangenen Unterrichtseinheit, die durch ein Foto von zwei Freunden und ein Fallbeispiel zum Thema Freundschaft erweitert wird. Nachdem die Schülerinnen und Schüler die Fallgeschichte bearbeitet haben, übertragen sie zentrale Aspekte auf Fragen zur Gemeinschaft in der Religionsgruppe und entwickeln daraus Regeln des gemeinsamen Umgangs miteinander, die auf einem Plakat von allen und für alle festgehalten werden.

6. Stunde: „Wir achten aufeinander und helfen einander“

Mithilfe von Impulsen wiederholen die Schülerinnen und Schüler Fragen und Überlegungen, die sie für die Entwicklung der Regeln im Religionsunterricht überlegt hatten und können durch ein verändertes Verkehrszeichen darauf aufmerksam werden, dass sie sich gegenseitig Unterstützung und Hilfe, Führung und Perspektive bieten können. Um diese Aspekte zu vertiefen, setzen sie sich mit der Fortführung des Fallbeispieles aus der vorangegangenen Stunde auseinander und übertragen die Ergebnisse auf ihre eigene Situation bzw. die der Religionsgruppe, die in Form von Namens-Helfer-Kärtchen Ausdruck finden.

7. Stunde: „Wir achten unsere Welt und entdecken sie mit unseren Sinnen“

In der vorangegangenen Stunde ist den Schülerinnen und Schülern in der Auseinandersetzung mit einem Fallbeispiel deutlich geworden, dass es gut ist, aufeinander zu achten und sich gegenseitig zu helfen und zu unterstützen. Daran anknüpfend richten sie ihren Blick über die Mitmenschen hinaus auf die Schöpfung. Angeregt durch einen Filmimpuls staunen die Schülerinnen und Schüler über Wunderbares in unserer Welt. Sie machen in einem Lernzirkel eigene sinnliche Erfahrungen mit der Natur und bringen diese abschließend in einem Elfchen zum Ausdruck. Das kann sie öffnen, die Natur achtsam wahrzunehmen und eine Grundhaltung des Staunens und der Dankbarkeit zu entwickeln.

8. Stunde: „Wir loben Gott für unsere schöne Welt – Sonnengesang des Franziskus“

Anknüpfend an die letzte Stunde wiederholen die Schülerinnen und Schüler nochmals ihre Elfchen zur Schöpfung und machen sich schließlich in einer Fantasiereise auf den Weg in die Natur hinaus. Die Verbalisierung ihrer sinnlichen Wahrnehmungen führt zu Staunen und Fragen der Schülerinnen und Schüler, letztlich aber aller Menschen. Als Antwort auf das Fragen eines Menschen – des heiligen Franziskus – lernen sie den Sonnengesang kennen, in dessen Lob auf Gott, den Schöpfer, sie schließlich einstimmen. Die einzelnen Symbole des Sonnengesangs gestalten die Schülerinnen und Schüler in einem Wandfries.

9. Stunde: „Gott hat diese Welt und jeden von uns gewollt – Ps 104, 1.2.5.10.14 und Ps 139, 2.5.14.“

Die Frage nach dem „Woher“ und „Wohin“ der Schöpfung knüpft an die letzte Stunde an und regt die Schülerinnen und Schüler an, weitere „große Fragen“ zu formulieren. In der Weiterführung erfahren sie, dass diese Fragen die Fragen aller Menschen sind, auf die zu unterschiedlichen Zeiten immer neue Antworten gesucht wurden, z.B. auch in den Psalmen. Die Auseinandersetzung mit Versen aus den Psalmen 104 und 139 rundet die Stunde ab, die mit einem Danklied beendet wird.

10. Stunde: „Ich habe dich beim Namen gerufen – Jes 43“

Die Schülerinnen und Schüler wurden beim Namen in den Stuhlkreis gerufen und setzen sich im Anschluss an das Morgenritual mit ihren eigenen Assoziationen zu einem Vers aus Jes 43 auseinander. Dabei wird ihnen deutlich, dass der Name die ganze Person, sie selbst meint. Sie hören die Zusage Gottes in einem Textabschnitt aus Jes 43 und vertiefen diese emotional in einer Bildbetrachtung. Für sie wichtige Aspekte halten sie in einer Umrisszeichnung des Kunstbildes als persönliche Zusage fest.

11. Stunde: „Wir feiern NAMENstag!“

Die Schülerinnen und Schüler haben sich anhand des Jesajatextes mit der Besonderheit ihres Namens vertraut gemacht. Angeregt durch die Weiterführung der Fallgeschichte von Lena und Jakob artikulieren sie ihr Vorwissen zum Begriff und zur Feier des Namenstages, erfahren, welche Bedeutung die Namensgebung im Blick auf den eigenen Namenspatron haben kann und initiieren gemeinsam ein Ritual zur Feier der Namenstage innerhalb der Religionsgruppe.

12. Stunde: „Der schönste Name Gottes – ich bin der, der immer da ist“

Anknüpfend an die letzte Stunde erzählen die Schülerinnen und Schüler von ihrem Namen und dessen Bedeutung für ihre gesamte Person und diskutieren die Frage, welche(n) Namen Gott haben könnte. Sie hören aus Ex 3 von Gottes Namen „Jahwe“, der gleichzeitig Versprechen und Programm ist und bringen anknüpfend an diese Zusage ihre Anliegen vertrauensvoll in Gebetsrufen vor diesen Ich-bin-da- Gott, der auch für sie persönlich da sein will und wird.

13. Stunde: „Meine Fragen an Gott: Wo ist Gott? Wie sieht er aus? Was kann Gott? – Philosophieren mit Kindern“

Die Schülerinnen und Schüler versammeln sich im Stuhlkreis und rekapitulieren nochmals den Namen Gottes aus der letzten Stunde: „Ich-bin-da“. Angeregt durch verschiedene Symbolbilder machen sie sich auf die Suche nach einem Bild, das etwas für sie persönlich über Gott aussagt und tauschen ihre Gedanken zu den einzelnen Bildern untereinander aus. Durch die Vielzahl der Bilder und dazu passenden Gedanken erahnen die Schülerinnen und Schüler etwas von der Größe und Unfassbarkeit Gottes und von den vielen Fragen, die offen bleiben. Diese werden formuliert und festgehalten. Ein abschließendes Lied, das nochmals die Fragethematik aufgreift, schließt die Stunde ab.

14. Stunde: „Gott in tausend Bildern!“

Die Bilder der letzten Stunde in der Stuhlkreismitte lassen die Schülerinnen und Schüler nochmals die Gedanken präsent werden, die sie dazu formuliert hatten und verdeutlichen so die Unfassbarkeit Gottes, der sie auch in einer Erzählung von Theophiliusim Anschluss begegnen. Angeregt durch die Erzählung gestalten sie ihr eigenes Bild von Gott um einen vorgegebenen Bildausschnitt weiter. Im abschließenden Stuhlkreis stellen sie sich gegenseitig ihre Bilder und ihre Gedanken dazu vor bzw. geben sich gegenseitig Rückmeldung zu ihren „Werken“.

15. Stunde: „Gott geht mit – „Ich fürchte kein Unheil, denn du bist bei mir" – Ps 23"
Dass Gott unvorstellbar, aber bildhaft und symbolisch umschreibbar ist, haben die Schülerinnen und Schüler in den letzten Stunden bedacht. In einer Fantasiereise knüpfen sie daran an und bedenken einen imaginären Weg. Im Gestalten findet dieser Weg mit seinen Besonderheiten Ausdruck und wird darüber hinaus symbolisch als Lebensweg gedeutet. In der Auseinandersetzung mit dem Ps 23 spüren die Schülerinnen und Schüler dieser immanenten Wegbegleitung Gottes nochmals nach und vertiefen diese Zusage in einem abschließenden Lied.

16. Stunde: „Dir darf ich alles sagen, Gott (freies Beten)"
In der vorangegangenen Stunde haben die Schülerinnen und Schüler ihren eigenen Weg und darin auch unterschiedliche menschliche Erfahrungen bedacht. Angeregt durch Bilder weiten sie nun ihren Blick und werden auf unterschiedlichste Befindlichkeiten aufmerksam. In Kleingruppen bedenken sie diese Situationen und formulieren dazu Gebete, die sie abschließend mit einer Zeichenhandlung vor Gott bringen. Das kann sie öffnen, sich selbst und andere Menschen in ganz unterschiedlichen Situationen vertrauensvoll im Gebet Gott anzuvertrauen.

17. Stunde: „Wir können gemeinsam beten: Vaterunser"
Verschiedene Gebetsformen haben die Schülerinnen und Schüler bereits in den letzten Stunden kennen gelernt und für sich ausprobiert. Angeregt durch ein Rätsel werden sie nun auf die Anrede „Vater" für Gott aufmerksam und nehmen wahr, wie vertraut und persönlich Jesus von Gott spricht und uns Menschen im Vaterunser ebenso dazu einlädt. Begleitend durch erläuternde Bewegungen lernen die Schülerinnen und Schüler in den kommenden Stunden, das Vaterunser (gemeinsam) zu beten.

18. Stunde: „In Menschen zeigt sich Gottes Liebe: Luzia…"
Der visuelle Impuls aus der letzten Stunde macht die SchülerInnen und Schüler nochmals auf die besondere Anrede Gottes als Vater aufmerksam und lässt sie einstimmen in ein Loblied auf diesen väterlichen und liebenden Gott, der ganz den Menschen zugewandt ist. Als Antwort auf die Frage, wie Menschen die Liebe Gottes spüren können, hören sie aus dem Leben der heiligen Luzia, die die Liebe Gottes zu den Menschen ihrer Zeit gebracht hat. Das kann die Schülerinnen und Schüler anregen zu einem achtsamen Umgang miteinander, der Gott und seine Liebe (unter uns) lebendig macht.

19. Stunde: „LICHT im Dunkel"
Zum Abschluss des ersten Lernarrangements steht im Blick auf das Kirchenjahr noch das Thema Advent und Weihnachten an. In einem ersten Zugriff soll dies vor allem symboldidaktisch geschehen im Blick auf Brauchtum im Advent und Weihnachten. Zunächst beschäftigen sich die Schülerinnen und Schüler dazu mit dem Symbol Licht, erspüren dessen Wirkung im Kontrast der Dunkelheit und erahnen, dass Licht nicht nur schön, sondern lebens-notwendig ist. Das kann sie aufschließen für weitere Symbole der Advents- und Weihnachtszeit: Kerzen – Adventskranz und Weihnachtsbaum.

20. Stunde: „Die LICHTER am Adventskranz"
In der letzten Stunde haben die Schülerinnen und Schüler nachempfunden, wie sich Dunkelheit und Licht anfühlen und nachgespürt, wie gut Licht in der Dunkelheit tut. Weiterführend erschließen sie sich nun die Symbole des Adventskranzes: grüne Zweige – Kerzen – Schleifen und erspüren im Singen des Adventsliedes die Erwartung und Vorfreude auf das Weihnachtsfest.

21. Stunde: „Warten auf das LICHT der Welt – Maria“

Die Schülerinnen und Schüler haben in den letzten Stunden der Bedeutung von Dunkel und Licht nachgespürt und den Adventskranz als Zeichen der Erwartung und Hoffnung kennen gelernt. Die explizite Verbindung mit der Erwartung des Gottessohnes, der als Licht in die dunkle Welt kommt, ist ihnen noch nicht bekannt. In der Erzählung vom Engel bei Maria setzen sie sich anfanghaft mit der Messiaserwartung auseinander und spüren der Freude nach, die die Botschaft des Engels für Maria bedeutet.

22. Stunde: „Der Weihnachtsbaum – mit Jesus kommt das LICHT zu uns“

Die Schülerinnen und Schüler kennen inzwischen die wichtigsten Symbole der Adventszeit und können sie durch die Verknüpfung mit der biblischen Botschaft an Maria auf Jesus hin deuten. Vor Beginn der Weihnachtsferien hören sie abschließend von der Geburt Jesu und wie diese bis heute in der Kirche und in den Familien lebendig gehalten und gefeiert wird. Dies kann sie anregen, bewusster wahrzunehmen und zu entdecken, wie und mit welcher Symbolik Christen Weihnachten feiern.

KOMPETENZBLUME

Bei jeder Stundenskizze erscheint die "Kompetenzblume" als wieder kehrendes Symbol rechts oben. Hier werden nur die wichtigsten Prozessbezogenen Kompetenzen (W,K,T,V,U,G) aufgeführt. Der Schwerpunkt wird mit einem orangenem Punkt im Blütenblatt gekennzeichnet. Weitere Prozessbezogene Kompetenzen sind mit einem grauen Punkt markiert.

1. Stunde: „Wir kommen zusammen – unser Ankommritual“

Zum konfessionellen Religionsunterricht werden die Schülerinnen und Schüler einer Klasse meist erstmals in unterschiedliche Gruppen aufgeteilt, müssen manchmal noch das Klassenzimmer wechseln und sich nicht nur an eine neue Lehrkraft, sondern auch an neue Mitschülerinnen und Mitschüler gewöhnen. Das kann sie neugierig machen, aber auch verunsichern. In den ersten Stunden ist es deshalb wichtig, mit den Schülerinnen und Schülern ein gemeinsames Ritual einzuführen, das ihnen hilft, untereinander in der Gruppe anzukommen, aber auch ruhig zu werden und auszusprechen, was sie bewegt. Das gemeinsame Ankommritual sollte in wenigstens einer Stunde der Woche über das Schuljahr hinweg weitergeführt werden.

Die Schülerinnen und Schüler	Didaktik und Methodik	Medien
nehmen sich selbst und die anderen bewusst wahr **bringen** ihre Stimmung und ihre Gefühle zum Ausdruck **erspüren** die Gemeinschaft der Religionsgruppe in Gebet und Ritual	Ankommritual, Gebetserziehung	Zimbel, Kerze und Tuch Schatzkästchen mit Steinen und Federn Lied oder Vers

Sich und andere wahrnehmen

Nachdem die Schülerinnen und Schüler sich im Klassenzimmer einen Platz an einem Tisch gesucht haben, werden sie eingeladen, still zu werden und darauf zu warten, dass sie mit dem leisen Ton der Zimbel und Blinzeln der Lehrkraft in den Stuhl- oder Sitzkreis gerufen werden. Dort finden die Schülerinnen und Schüler sich zusammen und werden erst noch einmal eingeladen, sich selbst und die anderen im Kreis wahrzunehmen, z.B.

Du bist heute in einer neuen Gruppe zusammen gekommen. Vielleicht fürchtest du dich ein wenig vor dem neuen Raum, den anderen Mitschülerinnen und Mitschülern oder auch vor mir als Lehrkraft, die du noch nicht kennst. Doch: Du brauchst dich nicht zu fürchten! Wir sitzen hier jetzt alle im Kreis zusammen. Geh langsam mit deinen Augen den Kreis ab. Wenn du ein Kind entdeckst, das du schon kennst, dann nicke ihm freundlich zu. Schau dir ruhig auch neugierig die Mitschülerinnen und Mitschüler an, die du noch nicht kennst, aber bald schon kennen lernen wirst. Wenn du so weit bist, schau wieder zu mir hier! … Wir haben uns in der Gruppe versammelt, aber auch zum Religionsunterricht. Weil wir dabei immer wieder über Gott sprechen, stelle ich eine Kerze in die Mitte und zünde sie an als Zeichen dafür, dass wir nicht alleine sind und Gott mitten unter uns ist. …

Stimmung und Gefühle zum Ausdruck bringen

Nach dem Versammeln im Stuhl- oder Sitzkreis werden zwei Symbole angeboten, anhand derer die Schülerinnen und Schüler zum Ausdruck bringen können, wie es ihnen gerade geht. Die Lehrkraft kann z.B. so oder ähnlich dazu einladen:

Ich habe euch heute eine kleine Schatzkiste mitgebracht. Darin findest du verschiedene Steine und auch Federn. Denk einmal nach, was du heute schon erlebt hast und wie es dir gerade geht! Vielleicht bist du heute morgen schon mit Bauchweh aufgestanden – dann nimm einen Stein und erzähl uns davon. Oder vielleicht hat dich heute deine Freundin an der Haustür abgeholt und ihr seid beide lachend in die Schule gelaufen – dann nimm eine Feder und erzähle uns davon! Wichtig ist, dass wir einander gut zuhören, um zu wissen, wie es den anderen in unserer Runde geht. Wenn du erzählt hast, lege deinen Stein oder deine Feder in die Mitte auf das Tuch zur Kerze. Dann weiß dein Nachbar, dass nun er dran ist. Natürlich muss niemand etwas sagen, aber es wäre schön, wenn jede/r sich traut, einen kurzen Satz zu sagen! Ich beginne: Heute morgen habe ich mich gefreut, dass der Frühstückstisch so schön gedeckt war und die Sonne schon zum Fenster herein geschienen hat. Da konnte ich richtig fröhlich und gut gelaunt aus dem Haus gehen!

Gemeinschaft erspüren

Wenn alle Schülerinnen und Schüler ihre Symbole abgelegt haben, kann die Lehrkraft nochmals einladen, diese Erfahrungen nicht nur gegenseitig mitzuteilen, sondern auch vor Gott zu bringen, z.B.

Wir haben gehört: Manchen von uns geht es heute super gut! Andere sind ein wenig traurig. In unserer Mitte brennt die Kerze als Zeichen, dass wir nicht allein sind, dass Gott bei uns ist, dem wir alles sagen können. Ich lade dich nun ein, mit Gott ins Gespräch zu kommen. Wenn du Grund zu danken hast, beginne deinen Satz mit: Gott, ich danke dir … Wenn du Gott um etwas bitten möchtest, beginne: Gott, ich bitte dich…

Am Ende der sicherlich noch sehr zögerlichen freien Gebetssätze ist es sinnvoll, nochmals als Lehrkraft die Gebete in ein paar kurzen Sätzen zusammen zu fassen und mit einem Ritual abzuschließen:

Am Ende jedes Gebets machen wir Christen ein Kreuzzeichen. Ich mache dir ein Kreuz auf deine Stirn und lade dich ein, reihum dem nächsten Kind auch ein solches Kreuz auf die Stirn zu zeichnen. Dabei sagen wir uns gegenseitig: Gott segne dich!

Zum Abschluss singen alle gemeinsam ein bereits bekanntes Lied aus dem Kindergarten oder sprechen miteinander einen Vers, bei dem sich alle an den Händen fassen und einen schönen Morgen wünschen, z.B.: „Ich bin da – du bist da, das ist einfach wunderbar!“

2. Stunde: „Wir lernen uns kennen"

In der ersten Religionsstunde haben sich die Schülerinnen und Schüler ansatzweise miteinander vertraut gemacht, bei zusammengelegten Gruppen sind allerdings die Namen der Schülerinnen und Schüler noch nicht bekannt. In spielerischer Form lernen sie sich nun beim Namen kennen und bringen diesen symbolisch auch auf der Gruppenkerze zum Ausdruck.
Das kann ihnen den Umgang miteinander erleichtern und Freude am Zusammenkommen im Religionsunterricht vermitteln.

Die Schülerinnen und Schüler	Didaktik und Methodik	Medien
bringen ihre Stimmung und ihre Gefühle zum Ausdruck	Ankommritual	Zimbel
erspüren die Gemeinschaft der Religionsgruppe in Gebet und Ritual	Gebetserziehung	Kerze und Tuch
gestalten Name und Symbol auf einem persönlichen Namensschild	spielerisches und kreatives Gestalten	Schatzkästchen mit Steinen und Federn Lied oder Vers
bringen ihre Zugehörigkeit zur Religionsgruppe spielerisch und kreativ zum Ausdruck		Namensschilder blanko Verzierwachsbuchstaben

Stimmung und Gefühle zum Ausdruck bringen
Wie in der letzten Stunde eingeführt, versammeln sich die Schülerinnen und Schüler im Stuhl- oder Sitzkreis und bringen anhand der bereits bekannten Ankommrituale zum Ausdruck, wie es ihnen gerade geht.

Gemeinschaft erspüren
Möglicherweise trauen sich im Anschluss daran schon mehrere/ andere Schülerinnen und Schüler, diese Erfahrungen auch vor Gott zu bringen mit der Weiterführung der Satzanfänge „Gott, ich danke dir... Gott, ich bitte dich... !"
Das gegenseitige Segnen und Lied oder Ritual schließt die Runde wie in der letzten Stunde ab.

Den eigenen Namen gestalten
Zurück an den Plätzen erhalten die Schülerinnen und Schüler Namensschilder aus festerem Karton, die sie später im Stuhlkreis umhängen können und werden eingeladen, ihren Namen in Großbuchstaben darauf zu schreiben und etwas zu malen, das mit dem gleichen Buchstaben beginnt, z.B. Karin und Katze oder Ute und Uhr...

Die Zugehörigkeit spielerisch zum Ausdruck bringen

Wenn alle Schülerinnen und Schüler fertig sind, hängen sie sich ihr Namensschild um und das erste Kind beginnt. Es darf an die Tafel kommen und sich vorstellen: „Ich heiße Karin wie die Katze und gehöre zu unserer Religionsgruppe…“ Danach darf ein weiteres Kind angeblinzelt werden, das sich und das erste Kind vorstellt – so lange bis alle im Kreis an der Tafel stehen. Die Kinder helfen jeweils zusammen, dass alle Namen genannt werden können, z.B. „Ich heiße Markus wie Maus und gehöre mit Ute wie Uhr, Martina wie Mond, Hans wie Haus und Karin wie Katze zu unserer Religionsgruppe.“ Nach der anstrengenden – aber hoffentlich auch lustigen! – Spielrunde darf jedes Kind seinen Anfangsbuchstaben aus Wachs (am besten schon vorbereitet von der Lehrkraft) auf die Gruppenkerze kleben. Das gemeinsame Lied oder Ritual kann die Stunde im Stehkreis versammelt um die Gruppenkerze abschließen.

3. Stunde: „Eine Tür tut sich auf für mich!"

Die Schülerinnen und Schüler der Religionsgruppe haben mit dem Eintritt in die Schule einen neuen Lebensabschnitt begonnen, der ihnen neue Lern- und Entwicklungschancen ermöglicht. Für manche Schülerinnen und Schüler war dies vielleicht ein lang ersehnter Schritt, andere wären möglicherweise gerne im Kindergarten geblieben. Im Symbol der Tür, das sich die Schülerinnen und Schüler von ihren symboldidaktischen Fähigkeiten nur anfanghaft erschließen können, lernen sie ein Bild kennen, das neue Räume eröffnet. Das kann sie motivieren, sich auf den neuen Raum „Schule“ mit allen Möglichkeiten erwartungsvoll und gespannt einzulassen

Die Schülerinnen und Schüler	Didaktik und Methodik	Medien
bringen ihre Stimmung und ihre Gefühle zum Ausdruck **erspüren** die Gemeinschaft der Religionsgruppe in Gebet und Ritual **assoziieren** zu einem ausgewählten Türbild eigene Erfahrungen und bringen diese verbal zum Ausdruck **verstehen** das Symbol der Tür als Schwelle zu neuen Räumen und Möglichkeiten **drücken** das Gefühl der Zusammengehörigkeit in einem Lied aus	Ankommritual, Gebetserziehung, symboldidaktische Annäherung	Zimbel Kerze und Tuch Schatzkästchen mit Steinen und Federn Lied oder Vers Bildkarten von Türen Lied „Achtsam sein" Geschichte AB: Heftumschlag

Stimmung und Gefühle zum Ausdruck bringen

Wie in der letzten Stunde eingeführt, versammeln sich die Schülerinnen und Schüler im Stuhl- oder Sitzkreis und bringen anhand der bereits bekannten Ankommrituale zum Ausdruck, wie es ihnen gerade geht.

Gemeinschaft erspüren
Möglicherweise trauen sich im Anschluss daran noch mehr/ andere Schülerinnen und Schüler, diese Erfahrungen auch vor Gott zu bringen mit der Weiterführung der Satzanfänge

„Gott, ich danke dir… Gott, ich bitte dich… !"

Das gegenseitige Segnen und Lied oder Ritual schließt die Runde wie in den letzten Stunden ab.

Eigene Erfahrungen assoziieren
Am Rand des Stuhl- oder Sitzkreises bzw. auf den Tischen oder Fensterbrettern liegen verschiedene Türbilder in Miniaturform. Die Schülerinnen und Schüler sind eingeladen, sich ein Bild zu wählen, das sie an eine bestimmte Türe bzw. die dazu gehörige Erfahrung erinnert und davon den anderen zu erzählen, z.B.
„Ich habe diese alte Holztüre ausgewählt, weil meine Oma solch eine Türe in ihrem Haus hat. Wenn ich sie besuche, rieche ich schon vor der Türe den Kuchen, den sie für mich gebacken hat…"

Die Tür als Symbol verstehen
Die Lehrkraft kann so oder ähnlich weiterführen, um deutlich zu machen, wie unterschiedlich Türen wirken können und welche Gefühle sie auslösen; evtl. können Schülerinnen und Schüler auch nochmals pantomimisch nachspielen, wie freudig oder ängstlich sie vor einer Türe stehen, sie öffnen oder vor der verschlossenen Türe stehen bleiben.
Ihr habt von verschiedenen Türen erzählt und Geschichten zu euren Türen. Eine Tür ist immer eine Verbindung von außen und innen: Wenn ich vor der Türe stehe und sie nicht öffne, kann ich nicht ahnen, was sich dahinter befindet. Aber wenn ich die Türe öffne, kann ich in einen neuen Raum eintreten und Neues kennenlernen. Dazu habe ich euch eine Geschichte mitgebracht. Hört gut zu!

Die Geschichte „Jakob und Lena" finden Sie auf der CD-Rom

An dieser Stelle könnten die Schülerinnen und Schüler vermuten, was oder wer sich hinter der Tür verbergen könnte. Ob die Erzählung danach weitergeführt wird, ist der Lehrkraft überlassen.
(evtl. weiterführen: Als Lena und Jakob so an der Türe stehen, hören sie ganz leise eine Stimme hinten aus dem Gang. Die Kinder gehen weiter. Ganz hell scheint es in den Gang hinein und der alte Holzboden quietscht bei jedem Schritt. Als sie am Ende des Ganges angekommen sind, kommen sie in eine Küche. Dort sehen sie eine alte Frau im Sessel sitzen. Auf ihrem Schoß hat sie eine Katze, die sie streichelt und die vor sich hin schnurrt. „Na so was!" sagt die alte Frau! Wie schön, dass ich Besuch bekomme! Zu mir kommt nur die Sozialstation – niemand traut sich in mein Haus herein…" Als Jakob und Lena nach einigen Minuten das Haus wieder verlassen, lachen sie sich an: „Wie gut, dass wir uns getraut haben, an die Tür zu klopfen – die alte Oma hat sich richtig gefreut! Wir besuchen sie bald mal wieder!")

So oder ähnlich kann die Lehrkraft zusammenfassen und weiterführen:
„In euren eigenen Erzählungen zu den Türbildern und in der Erzählung von Jakob und Lena habt ihr gemerkt, dass hinter einer Tür immer viel mehr stecken kann! Seit einigen Wochen hat sich für dich eine neue Tür geöffnet – die Tür zum Schulhaus. Überlege, was diese Tür alles für dich bringen kann, was du hier im Schulhaus neu entdecken und lernen kannst…."

Die Schülerinnen und Schüler sammeln, was ihnen einfällt, z.B. neue Freunde kennen lernen … lesen und schreiben lernen … rechnen… malen … ein Musikinstrument spielen …

Das Gefühl der Zusammengehörigkeit ausdrücken
Um gut miteinander umzugehen, ist es wichtig, dass wir gut aufeinander hören, dass wir achtsam sind!
Dazu möchte ich euch ein Lied vorsingen, das uns in Zukunft ein wenig begleiten soll:

Dieses Material findet sich auf der CD-Rom

Das Lied „Achtsam sein" finden Sie auf der CD-Rom

Dieser Kanon kann in der Ankommphase zur Einübung der Achtsamkeit immer wieder gesungen werden. Eigene Textideen sind erwünscht!
Zum Abschluss der Stunde gestalten die Schülerinnen und Schüler auf einer DIN A3 Kopie ihren Heftumschlag:
Sie malen sich in die offene Tür auf der Vorderseite und befestigen den Umschlag mit einem durchsichtigen Hefteinband an ihrem Heft.

Material auf der CD-Rom:

- verschiedene Tür-Bilder:

- Lied: „Achtsam sein" und Lehrererzählung "Jakob und Lena"

- AB Heftumschlag
  (Vorlage DIN A 4 kann im Ausdruck oder beim Kopieren auf A3 vergrößert werden!

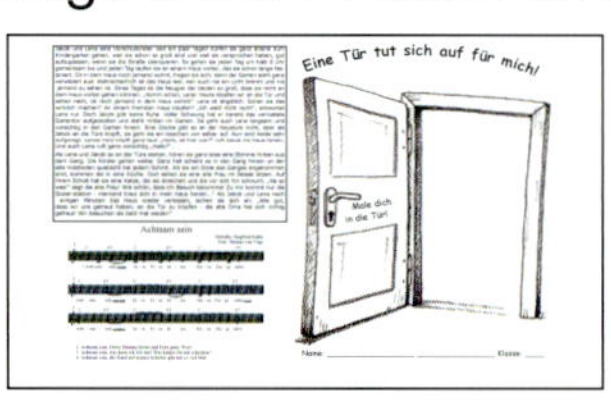

1. Stunde: „Das bin ich - mich gibt es nur einmal - mein Aussehen, meine Familie, meine Freunde"

Nach dem Anfangsritual (das über die gesamte Sequenz konsequent eingeschult wird - vgl. S. 21) bleiben die Schülerinnen und Schüler im Stuhlkreis und beschäftigen sich mithilfe eines Spiegels mit dem eigenen Gesicht und dessen Einmaligkeiten, die sie mit Lied und kreativem Gestalten wertschätzen. Sie gestalten ein Arbeitsblatt, mit dem sie sich als Individuen in der Gemeinschaft darstellen und sich des Wertes von Gemeinschaft bewusst werden. Im gemeinsamen Betrachten aller Arbeitsblätter schließt die Unterrichtseinheit mit einem einfachen Liedruf, in dem Lob, Dank und Wertschätzung zum Ausdruck kommen.

Die Schülerinnen und Schüler...	Didaktik und Methodik	Medien
nehmen sich selbst als einzigartig **wahr**	Meditation	großer Spiegel und Spiegelkacheln
bringen Besonderheiten ihres Aussehens **zum Ausdruck**	Gesprächsrunde	Liedvers „Mich gibt`s nur einmal"
gestalten kreativ sich selbst und ihr Lebensumfeld	kreatives Gestalten	Edelsteine
bringen ihren Dank **zum Ausdruck**		AB „Das bin ich..."

Sich als einzigartig wahrnehmen

Im Stuhlkreis liegt zunächst verdeckt in der Mitte ein großer Spiegel, der anschließend vorsichtig im Kreis herumgegeben wird. Auf dem Spiegel steht in Großbuchstaben „ICH". Bei meditativer Musik blicken die Kinder nacheinander in den Spiegel hinein und reichen ihn weiter.
Der Spiegel wird dann in der Mitte abgelegt und das Wort, das darauf geschrieben steht, erarbeitet:
ICH! ICH bin etwas Besonderes! ICH bin einmalig!

Jedes Kind erhält einen eigenen Spiegel und schaut hinein. Folgende Impulse der Lehrkraft können zur Meditation anregen:
Ich sehe in den Spiegel, sehe mein Gesicht... Ich sehe es jeden Tag: Beim Zähneputzen, beim Haare kämmen... Aber heute nehme ich mir ganz viel Zeit, um es genau anzusehen... meine Augen, die Farbe meiner Augen ... ich blinzle mir zu ... lache mich im Spiegel an... meine Nase ... ich rümpfe sie ein wenig ... ich blicke nach rechts und links ... sehe meine Wangen - sind sie bleich oder hell, dunkel ... mein Mund ... ich mache einen Kussmund, verziehe ihn nach unten und nach oben, mache den Mund ganz weit auf und schau mir meine Zähne an... Nun halte ich den Spiegel wieder etwas weiter weg. Ich entdecke meine Haare! Ich sehe sie mir genau an ... ihre Farbe - sind sie hell oder dunkel?.... ihre Länge - sind sie lang oder kurz, glatt oder lockig?...
Wenn du dein Gesicht lange genug im Spiegel betrachtet hast, kannst du ganz vorsichtig deinen Spiegel so drehen, dass du auch deinen Nachbarn/ deine Nachbarin darin sehen kannst... Was ist das Besondere an dir? Was hast du entdeckt, das nur DU hast? Wenn du eine Antwort auf deine Frage gefunden hast, darfst du den Spiegel vorsichtig in der Mitte ablegen.

Eigene Besonderheiten zum Ausdruck bringen
Die Lehrkraft legt ein großes Fragezeichen in die Mitte auf den großen Spiegel:
Was ist das Besondere an dir? Was hast du entdeckt, das nur DU hast?

Die Kinder erzählen von ihren Entdeckungen und dem, was sie einzigartig macht. Nach jeder Erzählung kann ein einfacher Liedvers gesungen werden, z.B. „Mich gibt`s nur einmal! Gott, danke dafür!" Jedes Kind darf nach seiner Vorstellung einen Edelstein auf den Spiegel legen. In einem Lehrer-Schüler-Gespräch wird der Gedanke der Einzigartigkeit bedacht und auf das soziale Umfeld (Familie, Freunde etc.) ausgeweitet.

Mich gibt's nur einmal

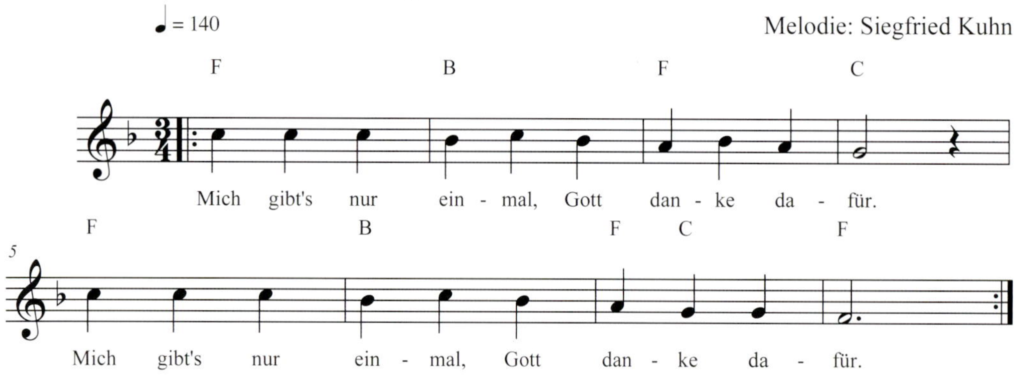

Kreatives Gestalten
Auf einem AB gestalten die Schülerinnen und Schüler ein Bild von sich selbst in einem schönen Spiegel. Links von ihrem Portrait malen sie ihre Freunde, rechts davon malen sie ihre Familie auf das Arbeitsblatt in die kleinen Bilderrahmen. Wenn sie fertig sind, kommen sie in den Stuhlkreis zurück.

Danken
Die Schülerinnen und Schüler wandern mit den Augen nochmals über ihr Bild und benennen die Personen auf ihrem AB, die ihnen besonders wichtig sind, z.B. „Ich habe eine Mama! Ich mag meine Schwester! …" – alle stimmen danach in den zweiten Teil des Liedrufes ein: „Gott, danke dafür!"

Material AUF CD-ROM

Material auf der CD Rom:

- Arbeitsblatt „Das bin ich – mich gibt es nur einmal…"

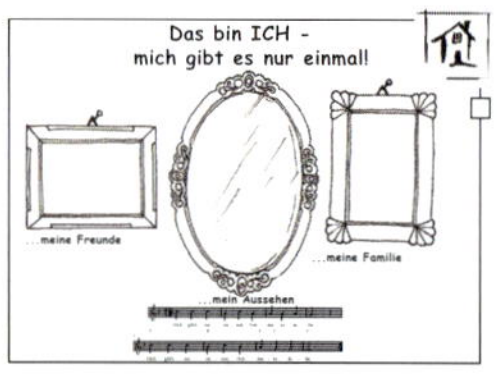

- Liedvers „Mich gibt`s nur einmal..." und Impulskarte „?"

2. Stunde: „Was ich schon alles kann"

Die Schülerinnen und Schüler vergegenwärtigen sich mithilfe eines Spiegels als stummem Impuls die wesentlichen Aspekte der vorangegangenen Unterrichtseinheit. Sie gestalten einen Handabdruck, der Ausgangspunkt eigener Überlegungen dazu ist, was jede/r Einzelne schon alles kann. Die Ergebnisse stellen sich die Schülerinnen und Schüler gegenseitig vor, wertschätzen die Fähigkeiten der Anderen und verbinden am Ende der Unterrichtseinheit alle Arbeitsergebnisse (Hände) zu einem Klassenplakat. Mit einem kurzen Gebet zum gemeinsamen Ergebnis endet die Unterrichtseinheit.

Die Schülerinnen und Schüler...	Didaktik und Methodik	Medien
erinnern sich an die Feststellung, dass sie einzigartig sind	Gesprächsrunde	Farbe,
gestalten einen Farbdruck ihrer Hand	Handabdrücke stempeln	AB „Was ich schon alles kann"
entdecken auch hier **ihre eigene Individualität**	Pantomime	Gebet
besprechen, was sie schon alles können		
bringen eigene Fähigkeiten pantomimisch **zum Ausdruck**		

Sich erinnern
Die Schülerinnen und Schüler versammeln sich im Stuhlkreis um den Spiegel als stummem Impuls, erinnern die letzte Stunde, das Betrachten des Gesichtes und ihre Einzigartigkeit.

Im Gestalten die eigene Individualität entdecken
Sie gestalten auf einem Arbeitsblatt einen Handabdruck mit Farbe und Pinsel und entdecken auch hier Individualität.

Sich über Fähigkeiten austauschen und besprechen
Bis der Handabdruck getrocknet ist, besprechen sich jeweils zwei Kinder, was sie schon alles (mit den Händen) tun können, z.B. Flöte spielen, malen, schreiben, ... und suchen sich EINE Fähigkeit heraus, die sie besonders interessant finden.

Eigene Fähigkeiten zum Ausdruck bringen
Nach der Partnerphase darf ein Kind an die Tafel kommen und pantomimisch (ohne jedes Wort) vorspielen, was es (mit den Händen) machen kann. Die anderen Kinder versuchen, diese Fähigkeit zu erraten. Wer es richtig errät, darf als Nächste(r) seine Fähigkeit zeigen.
Alle Kinder malen anschließend um ihren getrockneten Handabdruck auf dem Arbeitsblatt, was sie schon alles können und tauschen sich darüber aus. Alternative: Präsentationsform der SchülerInnenarbeiten als „Museumsgang“.

Im Zusammenhang mit dieser Stunde kann auch ein Plakat der Kinder mit allen Handabdrücken in Kreisform erstellt werden, in das z.B. das Anfangsgebet geschrieben wird.

Material auf der CD Rom:

- Arbeitsblatt „Was ich schon alles kann“

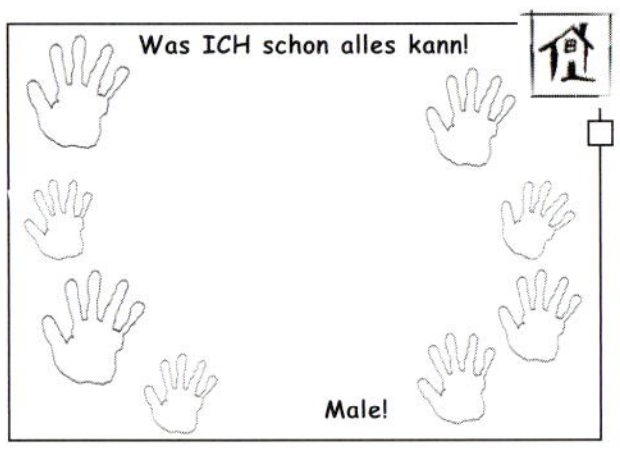

3. Stunde: „Das sind wir - uns gibt es nur einmal!" (Religionsgruppe)

Anknüpfend an das Gebet der letzten Stunde wird die vorangegangene Unterrichtseinheit rekapituliert. Spielerisch entdecken die Schülerinnen und Schüler, dass sie zu unterschiedlichen Gruppen gehören und nehmen Gemeinschaft als positiv wahr. Sie erkennen, dass die einzige Gemeinschaft, die alle verbindet, die Religionsgruppe ist. Um dies zu gestalten und der Individualität in der Gemeinschaft Ausdruck zu geben, erstellen die Schülerinnen und Schüler eigene Schattenbilder, die auf einem Plakat zusammengetragen werden. Die Stunde schließt mit einem gemeinsamen Gebet zum Psalm 139.

Die Schülerinnen und Schüler...	Didaktik und Methodik	Medien
erinnern die Fähigkeiten, die sie selbst und andere in der Religionsgruppe haben	Aufstellübung	
erleben das Dazugehören zu bestimmten Gruppen (bzw. das Ausgeschlossensein)		
bewundern ihre eigene Einmaligkeit und die der anderen in einem selbst gestalteten Schattenbild	Scherenschnitt/ Schattenbild	schwarzer Karton Lichtquelle

erstellen ein Gemeinschaftsplakat aus den Schattenbildern und den Lieblingsfarben der Kinder **beten** ausgewählte Verse aus Psalm 139	Gebetselement	viele bunte Blätter, z.B. aus Tonpapier Liedvers „Ich danke dir..."

Sich an Fähigkeiten erinnern
Anhand der verschiedenen Handabdrücke/ des Plakates, die/ das im Klassenzimmer ausgehängt werden, gehen die Schülerinnen und Schüler durch eine Art Vernissage, erinnern sich an die Fähigkeiten, die sie selbst und andere haben.

Dazugehören erleben
Die Schülerinnen und Schüler sind eingeladen, sich als Gruppe im Klassenzimmer zu formieren, wenn sie z.B. ... ein Haustier haben ... mit dem Bus in die Schule fahren ... zwei Schwestern haben ... im Fußballverein sind ... ein Mädchen sind .... ein Instrument spielen ... ein Junge sind ... zur Religionsgruppe gehören ... und tauschen sich anschließend über die Erfahrungen des Dazugehörens (oder Ausgeschlossenseins) aus. Nach jeder Aufstellung fassen sich die Kinder der Gruppe an der Hand und betonen ihr Zusammengehörigkeitsgefühl mit einem entsprechenden Ruf, z.B. „Wir gehören zusammen! Wir sind alle Mädchen!"

Die (eigene) Einzigartigkeit bewundern
Anschließend werden die Kinder einzeln eingeladen, sich vor eine Lichtquelle zu setzen und ein Schattenbild (Scherenschnitt) vom Profil des Gesichtes zu erstellen. Die Lehrkraft malt die Umrisse des Gesichtes mit einem weißen Stift auf schwarzem Tonpapier nach, die Schülerinnen und Schüler schneiden die Konturen vorsichtig aus und kleben sie auf ein Tonpapier ihrer Lieblingsfarbe, so dass wieder ein ganzes DIN A 4 Blatt entsteht.

Ein Gemeinschaftsplakat erstellen
Aus den einzelnen Bildern wird ein Gemeinschaftsplakat erstellt, indem sie zu einem großen Plakat zusammengefügt werden. In der Mitte kann ein Quadrat ausgespart werden, das die Kinder mit eigenen Gedanken füllen zum Thema: „Das sind wir – uns gibt es nur einmal!" und überlegen: Was bringt uns zusammen? Was wird uns das Jahr über beschäftigen? Worum geht es im Religionsunterricht? ...

Beten
Die Lehrkraft beschließt die Stunde mit einem Gebet zum Psalm 139, die Schülerinnen und Schüler wiederholen den Kehrvers.

Herr, du hast mich erforscht und du kennst mich.
Ob ich sitze oder stehe, du weißt von mir.

Alle: Ich danke dir, dass du mich so wunderbar geschaffen hast!

Ich danke Dir...

♩ = 90 Melodie: Siegfried Kuhn

Ob ich gehe oder ruhe, es ist dir bekannt;
Du bist vertraut mit all meinen Wegen.

Alle: Ich danke dir, dass du mich so wunderbar geschaffen hast!

Du umschließt mich von allen Seiten
und legst deine Hand auf mich.

Alle: Ich danke dir, dass du mich so wunderbar geschaffen hast!

4. Stunde: „Wir sind eine Gemeinschaft - wir können viel miteinander machen" (Eine kleine Lernaufgabe)

In einer Imaginationsübung spüren die Kinder dem Gefühl der Einsamkeit nach als Einstimmung in eine Lehrererzählung zum Thema Gemeinschaft, die mithilfe eines Arbeitsblattes für die Schülerinnen und Schüler aufbereitet wird. In Einzelarbeit können sie zwischen einer einsamen, isolierten Situation und dem Agieren in der Gemeinschaft unterscheiden und dem Ausdruck verleihen. Das kann sie motivieren, gemeinsam mit den Mitschülerinnen und Mitschülern empathisch und achtsam Menschen ihrer Umgebung wahrzunehmen.

Die Schülerinnen und Schüler...	Didaktik und Methodik	Medien
erinnern das schöne Gefühl, zur Religionsgruppe oder zu anderen Gruppen zu gehören	Gruppenplakat meditative Übung	Text: Imaginationsübung, Lehrererzählung
fühlen sich in die Situation des Alleinseins **ein, erinnern** eigene Erfahrungen des Alleinseins und **drücken sich** kreativ **aus**	Erzählung	
entdecken die Chance für sich und andere, die in der Gemeinschaft und im gemeinsamen Handeln steckt		

Imaginationsübung

Die Schülerinnen und Schüler werden eingeladen, den Kopf auf die Bank zu legen, die Augen zu schließen und bei leiser, meditativer Musik still zu werden. Folgende Impulse der Lehrkraft können zur Besinnung und zum Nachdenken anregen:

Alleinsein fühlen

Du hast deine Augen geschlossen und versuchst, ganz still zu werden.
Du bist jetzt da, hier im Klassenzimmer, an deinem Platz.
Hier sind noch andere Kinder, viele Mitschülerinnen und Mitschüler.
Doch stell dir einmal vor, du kommst am Morgen in die Schule und es ist niemand da....
Du läufst durch das Schulgebäude und siehst keinen Menschen,
keine anderen Kinder, keine Lehrer, keinen Hausmeister.
Alle Räume sind leer.
Spür nach, welche Gedanken dir durch den Kopf gehen...
Spür nach, welche Gefühle du hast ....
Wenn du soweit bist, öffne langsam deine Augen, strecke deine Arme aus, recke dich ein wenig und komm zurück in unser Klassenzimmer. Erzähle! Wie ist es dir ergangen, was hast du gefühlt?

Sich ausdrücken

Angeregt durch die Imaginationsübung verbalisieren die Schülerinnen und Schüler eigene Erfahrungen mit dem Gefühl des Alleinseins, z.B. ich habe mich eimal ganz alleine gefühlt, als... einmal hatte ich Angst, weil niemand... wenn ich alleine bin, dann... – alternativ oder ergänzend können die Schülerinnen und Schüler die Gefühle in Farben, Formen oder auch Gesten auszudrücken versuchen.

Chancen der Gemeinschaft entdecken – erste Zugänge zur Arbeit mit einer Lernaufgabe:

Stell dir vor: Ein neuer Schüler kommt in die Klasse. Er kommt aus einem fremden Land. Erst vor kurzer Zeit ist er nach Deutschland gezogen und kann nur ganz schlecht deutsch sprechen und verstehen.

Schritte zur Bearbeitung:

1. Auseinandersetzung mit einer fiktiven Anforderungssituation: „Stell dir vor: Ein neuer Schüler kommt in die Klasse. Er kommt aus einem fremden Land. Erst vor kurzer Zeit ist er nach Deutschland gezogen und kann nur ganz schlecht deutsch sprechen und verstehen..."
2. Assoziationen, Ideen und Vorstellungen sammeln und ordnen; Sammeln auf Wortkarten mit Symbolen (z.B. er kann die SPRACHE nicht, er hat keine FREUNDE, er tut sich schwer in der SCHULE, ob seine Eltern DEUTSCH können, wie er den WEG zur Schule findet ...)
3. Vorwissen einbringen
4. Fragestellungen, Problemanzeigen, Themen usw. herausarbeiten, z.B. zu Sprache – Freunde – Schule – Deutsch...
5. Entwicklung verschiedener Themenfelder bzw. Bearbeitungsbereiche: Was kann man tun? Wer kann etwas tun? Wo kommt er her? Warum ist er hier? ...
6. In Partner- oder Gruppenarbeit werden verschiedene Fragen/ Themenfelder vorbesprochen
7. Die Überlegungen werden ins Plenum eingebracht
8. (Bewusstmachen des neu Erlernten bzw. des Lernzuwachses – welches Ergebnis meiner EA oder PA oder anderer Gruppen hat mich am meisten beeindruckt bzw. ist eine wertvolle Ergänzung für meine Ergebnisse? Prinzip: Eindruck – Ausdruck – Austausch)[1]
9. Verknüpfung der neuen Lernergebnisse mit Anwendungsmöglichkeiten und alltagstauglichen realistischen Umsetzungsideen: „Bestimmt hast du auch Ideen, wie du ihm helfen, ihn unterstützen könntest! Sprecht euch zu zweit ab!"

---

1 Dieser Arbeitsschritt kann hier noch nicht mit Schülerinnen und Schülern der 1. Jahrgangsstufe bearbeitet werden.

10. (Reflexion des Arbeitsprozesses)[2]
11. Wertschätzung des eigenen Lernweges
12. Anwendung auf andere Beispiele: „Diese Ideen, wie ein neuer Schüler sich schnell in der Klasse einleben und wohlfühlen kann, können wir auch auf uns alle übertragen und allgemeine Regeln ableiten, wie wir miteinander umgehen können/ sollen! Sprecht euch in Dreiergruppen ab! Formuliert die Regeln so, dass sie ein Vorsatz sind, z.B. Wir wollen freundlich miteinander umgehen!"

Die Regeln werden für alle sichtbar auf einem ersten Plakatentwurf festgehalten, der in der nächsten Stunde nochmals aufgegriffen und ergänzt wird.

Material auf der CD Rom:

- Bild eines ausländischen Jungen

5. Stunde: „Zusammenleben ist nicht immer leicht"

Mithilfe einiger Aussagen zum Wert von Gemeinschaft rekapitulieren die Schülerinnen und Schüler die Ergebnisse der vorangegangenen Unterrichtseinheit, die durch ein Foto von zwei Freunden und ein Fallbeispiel zum Thema Freundschaft erweitert wird. Nachdem die Schülerinnen und Schüler die Fallgeschichte bearbeitet haben, übertragen sie zentrale Aspekte auf Fragen zur Gemeinschaft in der Religionsgruppe und entwickeln daraus Regeln des gemeinsamen Umgangs miteinander, die auf einem Plakat von allen und für alle festgehalten werden.

Die Schülerinnen und Schüler...	Didaktik und Methodik	Medien
assoziieren zu Fotos von Freunden verschiedene Gedanken **setzen sich** mit einem Fallbeispiel **auseinander** **diskutieren,** was Zusammenleben schön und was es schwierig macht **überlegen** Klassenregeln, die es einfacher machen, gut miteinander auszukommen	Unterrichtsgespräch, Lehrererzählung, Gemeinschaftsarbeit	Bilder Jakob und Lena Erzählung von Jakob und Lena Karten für Gefühle Fotos von Freunden Präsentationskarten mit Smileys Plakat für Klassenregeln

2 s.o.

Assoziationen abrufen

Mithilfe einiger Ergebnisse aus der letzten Stunde, z.B. „Alleine sein, das ist nicht schön!“ Oder: „Gemeinsam geht es besser!“ wird die Thematik des Alleinseins bzw. der Gemeinschaft nochmals aufgegriffen. In der Weiterführung assoziieren die Schülerinnen und Schüler anhand eines visuellen Impulses (Fotos von Freunden) eigene Erfahrungen zu Freundschaft, z.B. das sind bestimmt gute Freunde, die viel miteinander unternehmen … vielleicht gehen sie in eine Klasse …. ob sie manchmal auch streiten?

Sich mit einem Fallbeispiel auseinandersetzen

Die Lehrkraft erzählt nun eine Geschichte von Freunden, in der das Zusammenleben schön, aber nicht immer leicht ist:

Die Geschichte "Jakob und Lena - Zusammenleben ist nicht leicht!" findet sich auf der CD-Rom

Über das Zusammenleben diskutieren

Im anschließenden Unterrichtsgespräch wird nacherzählt, was die Schülerinnen und Schüler im Fallbeispiel gehört haben: Der Streit mit dem Bruder – den Eltern – und schließlich zwischen Jakob und Lena. In zwei Gruppen fühlen sich die Schülerinnen und Schüler in Lena und Jakob ein und artikulieren,

* deren Gefühle (Symbol Herz),
* Gedanken (Gedankenblase)
* Wünsche (Wolke).

Auf Präsentationskarten mit einem lachenden und einem traurigen Smiley wird festgehalten, was das Zusammenleben in der Familie/ mit Freunden schön und was es schwierig macht, z.B. schwierig: Streit, Ungerechtigkeit, sich nicht verstanden fühlen... schön: miteinander reden, essen, spielen, sich verstehen...

Klassenregeln überlegen

Gemeinsam überlegen Schülerinnen und Schüler mit der Lehrkraft, ob sich aus dem Fallbeispiel noch weitere Regeln für die Religionsgruppe ableiten lassen, damit das Zusammenleben gelingt. z.B. Wir hören einander zu, wir lachen uns nicht aus, wir versuchen, den anderen zu verstehen, wir nehmen Rücksicht auf Kleinere/ Schwächere....

Die Klassenregeln werden auf einem Plakat und auf einem AB festgehalten, das abschließend von allen Kindern und der Lehrkraft unterschrieben wird.

Material AUF CD-ROM

Material auf der CD Rom:

- Fotos von Freunden/ Streitfotos

- Bilder: Jakob und Lena und Lehrererzählung „Jakob und Lena - Zusammenleben..."

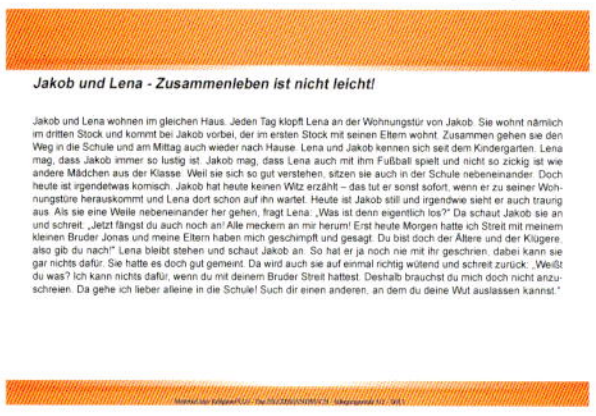

Jakob und Lena - Zusammenleben ist nicht leicht!

Jakob und Lena wohnen im gleichen Haus. Jeden Tag klopft Lena an der Wohnungstür von Jakob. Sie wohnt nämlich im dritten Stock und kommt bei Jakob vorbei, der im ersten Stock mit seinen Eltern wohnt. Zusammen gehen sie den Weg in die Schule und am Mittag auch wieder nach Hause. Lena und Jakob kennen sich seit dem Kindergarten. Lena mag, dass Jakob immer so lustig ist. Jakob mag, dass Lena auch mit ihm Fußball spielt und nicht so zickig ist wie andere Mädchen aus der Klasse. Weil sie sich so gut verstehen, sitzen sie auch in der Schule nebeneinander. Doch heute ist irgendetwas komisch. Jakob hat heute keinen Witz erzählt – das tut er sonst sofort, wenn er zu seiner Wohnungstüre herauskommt und Lena dort schon auf ihn wartet. Heute ist Jakob still und irgendwie sieht er auch traurig aus. Als sie eine Weile nebeneinander her gehen, fragt Lena: „Was ist denn eigentlich los?" Da schaut Jakob sie an und schreit: „Jetzt fängst du auch noch an! Alle meckern an mir herum! Erst heute Morgen hatte ich Streit mit meinem kleinen Bruder Jonas und meine Eltern haben mich geschimpft und gesagt: Du bist doch der Ältere und der Klügere, also gib du nach!" Lena bleibt stehen und schaut Jakob an. So hat er ja noch nie mit ihr geschrien, dabei kann sie gar nichts dafür. Sie hatte es doch gut gemeint. Da wird auch sie auf einmal richtig wütend und schreit zurück: „Weißt du was? Ich kann nichts dafür, wenn du mit deinem Bruder Streit hattest. Deshalb brauchst du mich doch nicht anzuschreien. Da gehe ich lieber alleine in die Schule! Such dir einen anderen, an dem du deine Wut auslassen kannst."

* Präsentationskarten Gefühle, Gedanken und Wünsche

* Präsentationskarten mit Smileys

6. Stunde: „Wir achten aufeinander und helfen einander"

Mithilfe von Impulsen wiederholen die Schülerinnen und Schüler Fragen und Überlegungen, die sie für die Entwicklung der Regeln im Religionsunterricht überlegt hatten und können durch ein verändertes Verkehrszeichen darauf aufmerksam werden, dass sie sich gegenseitig Unterstützung und Hilfe, Führung und Perspektive bieten können. Um diese Aspekte zu vertiefen, setzen sie sich mit der Fortführung des Fallbeispieles aus der vorangegangenen Stunde auseinander und übertragen die Ergebnisse auf ihre eigene Situation bzw. die der Religionsgruppe, die in Form von Namens-Helfer-Kärtchen Ausdruck finden.

Die Schülerinnen und Schüler...	Didaktik und Methodik	Medien
deuten die Aussage eines Verkehrszeichens, das zum Symbolbild wird	Unterrichtsgespräch,	Verkehrsschild 1 und 2
sind sich durch die Auseinandersetzung mit einer Fallgeschichte **bewusst,** wie wichtig es ist, Hilfe zu erfahren	Lehrererzählung,	Mutmachlied
sind bereit, anderen zu helfen		

Ein Symbolbild deuten

Die Schülerinnen und Schüler kennen das Verkehrszeichen für Fußgänger „Kind an der Hand der Mutter" und erklären dessen Bedeutung: Zur Sicherheit im Straßenverkehr ist es gut, wenn Kinder an der Hand der Mutter gehen. Im Anschluss an das Gespräch präsentiert die Lehrkraft das Schild in veränderter Form:

Zwei Kinder führen sich an der Hand – auch hier versuchen die Schülerinnen und Schüler eine Deutung.

Sich bewusst werden, wie wichtig Hilfe ist

In der Weiterführung der Erzählung von Jakob und Lena erfahren die Schülerinnen und Schüler, wie wichtig es ist, aufeinander zu achten und sich zu helfen:

Die Geschichte „Jakob und Lena helfen sich" findet sich auf der CD-Rom

Hilfsbereitschaft bedenken und wecken

Die Schülerinnen und Schüler wiederholen nochmals die Erzählung von Jakob und Lena und äußern ihre Vermutungen anhand verschiedener Impulse, z.B. *Lena ist traurig… Die Geschichte von Lena und Jakob geht noch weiter … Jakob macht sich Gedanken … Allzu gerne würde Jakob wissen, was los ist …*

…

Durch den Impuls: *Manchmal geht es dir wie Jakob, manchmal geht es dir wie Lena…* angeregt überlegen die Schülerinnen und Schüler, wo sie oder andere Hilfe oder Unterstützung brauchen können bzw. wo sie anderen Hilfe oder Unterstützung anbieten können, z.B. in der Schule in Mathe oder Deutsch, auf dem Nachhauseweg, im Zusammenleben mit anderen usw. Jedes Kind erhält ein Namensschild zum Aufstellen auf dem Tisch (falls sie noch keine Namensschilder haben!). Auf der Rückseite ihres Namensschildchens schreiben die Schülerinnen und Schüler daraufhin ein Hilfsangebot, z.B. Ich kann dir in Mathe helfen!, Ich kann gut zuhören! Ich kann dich trösten! …, an das sich die anderen Kinder erinnern können.

Mögliche Weiterführung:

Das „Mutmachlied" kann die Stunde inhaltlich abrunden.

Das „Mutmachlied" findet sich auf der CD-Rom

Material auf der CD Rom:

- Verkehrsschilder, „Mutmachlied" und Geschichte „Jakob und Lena helfen sich"

7. Stunde: „Wir achten unsere Welt und entdecken sie mit unseren Sinnen"

In der vorangegangenen Stunde ist den Schülerinnen und Schülern in der Auseinandersetzung mit einem Fallbeispiel deutlich geworden, dass es gut ist, aufeinander zu achten und sich gegenseitig zu helfen und zu unterstützen. Daran anknüpfend richten sie ihren Blick über die Mitmenschen hinaus auf die Schöpfung. Angeregt durch einen Filmimpuls staunen die Schülerinnen und Schüler über Wunderbares in unserer Welt. Sie machen in einem Lernzirkel eigene sinnliche Erfahrungen mit der Natur und bringen diese abschließend in einem Elfchen zum Ausdruck. Das kann sie öffnen, die Natur achtsam wahrzunehmen und eine Grundhaltung des Staunens und der Dankbarkeit zu entwickeln.

Die Schülerinnen und Schüler...	Didaktik und Methodik	Medien
öffnen sich für die wunderbare Welt um sie herum **nehmen** mit verschiedenen Sinnen bewusst die Welt um sich herum **wahr** **drücken** ihre Eindrücke im kreativen Schreiben **aus**	Unterrichtsgespräch Lehrererzählung	Clip: „What a wonderful world" (you tube - puppets) AB „Ich entdecke die Welt mit meinen Sinnen..."

Sich öffnen für eine wunderbare Welt

Die Schülerinnen und Schüler sehen im Film „What a wonderful world" die Umsetzung eines Liedtextes in Schattenbildern. Auch wenn der Text englisch ist, sprechen die Bilder, die ausschließlich mit zwei Händen gestaltet werden, die Kinder an und bringen sie zum Staunen. Ihre Eindrücke verbalisieren sie anschließend im offenen Unterrichtsgespräch.

Die Welt mit verschiedenen Sinnen wahrnehmen

Motiviert durch den Videoclip bilden die Schülerinnen und Schüler sechs verschiedene Arbeitsgruppen, die durch Piktogramme gekennzeichnet werden und in denen zu je einem Sinn gearbeitet wird: Sehen (z.B. Regenbogen, Sonne, Tautropfen...) – Riechen (z.B. Zwiebel, Zitrone, Pfeffer...) – Schmecken (z.B. süß, sauer, fruchtig...) – Tasten (z.B. Muschel, Stein, Watte...) – Hören (z.B. Vogelgezwitscher, Wasserrauschen, Handyklingeln...) und Spüren (z.B. Freude, Trauer, Angst,...). In der Form eines Lernzirkels gehen sie von Gruppe zu Gruppe und erproben für sich jeweils einen weiteren Sinn.

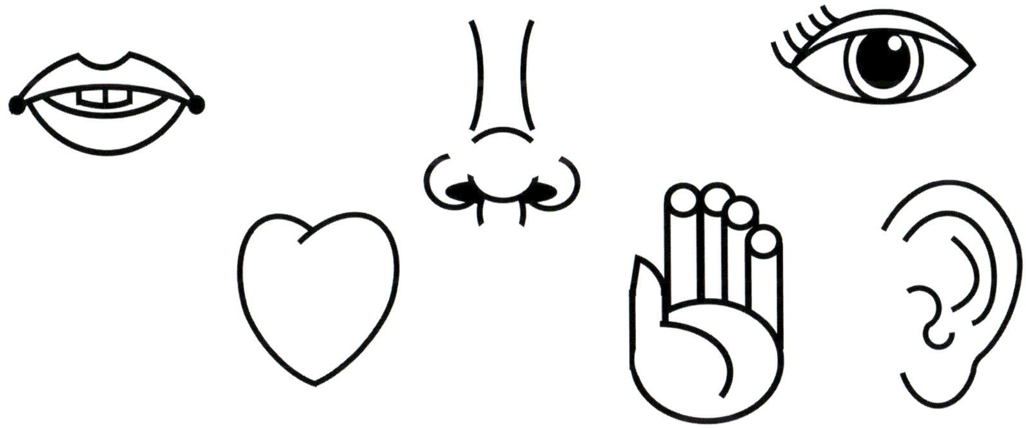

Eindrücke zum Ausdruck bringen

Die verschiedenen Wahrnehmungen halten sie auf einem AB in einer Wolke um das jeweilige Symbo (Auge - Nase - Mund - Herz - Hand - Ohr) fest. Abschließend formulieren sie zu EINER dieser Wahr-nehmungen ein Elfchen nach dem Schema auf dem AB, z.B.

fruchtig
die Orange
sie schmeckt lecker
ich liebe saftige Orangen
Köstlich!

____
Wie ist es?

__________ __________
Wer ist so?

__________ __________ __________
noch mehr über ihn/ sie/ es…

__________ __________ __________ __________
einen Satz, beginnend mit „Ich…“

____
Zusammenfassung/ Pointe

Material auf der CD Rom:

- Arbeitsblatt „Ich entdecke die Welt mit meinen Sinnen..." und Piktogramme zu den Sinnen

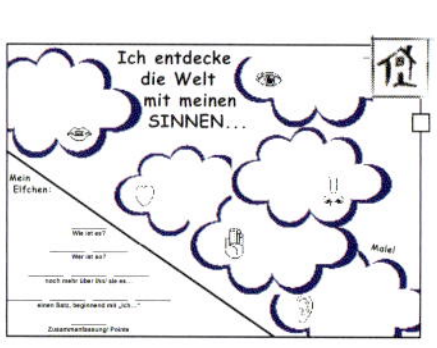

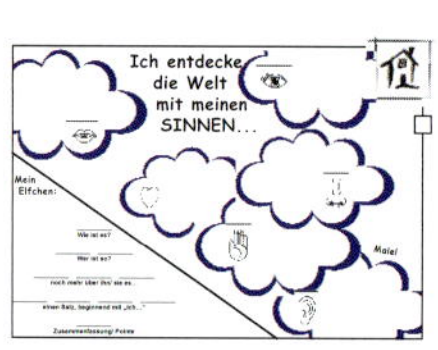

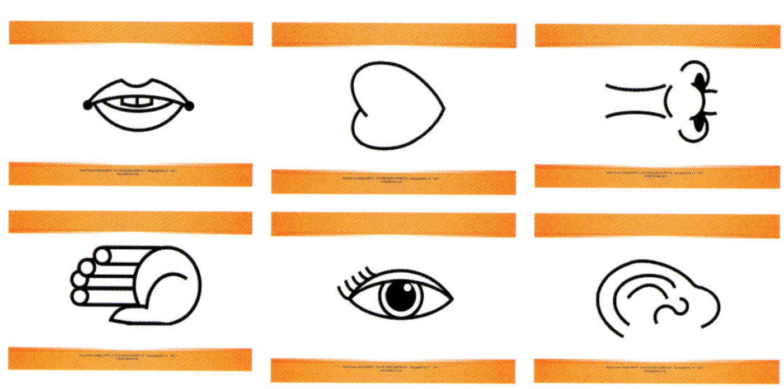

8. Stunde: „Wir loben Gott für unsere schöne Welt - Sonnengesang des Franziskus"

Anknüpfend an die letzte Stunde wiederholen die Schülerinnen und Schüler nochmals ihre Elfchen zur Schöpfung und machen sich schließlich in einer Fantasiereise auf den Weg in die Natur hinaus. Die Verbalisierung ihrer sinnlichen Wahrnehmungen führt zu Staunen und Fragen der Schülerinnen und Schüler, letztlich aber aller Menschen. Als Antwort auf das Fragen eines Menschen - des heiligen Franziskus - lernen sie den Sonnengesang kennen, in dessen Lob auf Gott, den Schöpfer, sie schließlich einstimmen. Die einzelnen Symbole des Sonnengesangs gestalten die Schülerinnen und Schüler in einem Wandfries.

Die Schülerinnen und Schüler...	Didaktik und Methodik	Medien
erinnern die Sinneswahrnehmungen der letzten Stunde	Fantasiereise,	meditative Musik
kennen den Sonnengesang des Franziskus als Loblied auf die Schöpfung	Textbegegnung in Liedform	Plakate oder Leinwände
		Farben
setzen den Text des Sonnengesangs **kreativ um**		Liedtext
stimmen ein in das Lob des Franziskus		

Sich an Sinneswahrnehmungen erinnern

Die Schülerinnen und Schüler sind eingeladen, ihren Kopf auf die Bank zulegen, ruhig zu werden und bei leiser Musik die Augen zu schließen. Folgende Impulse der Lehrkraft können zu einer Fantasiereise anleiten:

Ich lade dich ein zu einer Fantasiereise in die Natur... Stell dir vor, du gehst in Gedanken aus unserem Klassenzimmer heraus... Du verlässt das Schulgebäude und gehst weiter, immer weiter, bis du auf einer Wiese mit einem kleinen Wald angekommen bist... Du ziehst deine Schuhe aus und spürst das Gras an deinen Füßen. Es ist noch ein wenig nass vom Morgentau. Es ist kalt und kühlt deine Füße... Auf einmal steigt dir ein Duft in die Nase. Du kennst den Duft: Es riecht nach Blumenblüten – einfach herrlich... Du gehst weiter und kommst in den kleinen Wald. Spitze deine Ohren! ... Das ist doch... ja, ein Specht klopft da an einem Baumstamm. Du kannst ihn ganz deutlich hören... Du gehst weiter. Der Boden ist nun nicht mehr mit Gras bewachsen, sondern mit weichem, dichtem Moos. Du bückst dich und streichelst darüber – wie unglaublich weich es sich anfühlt! ... Neben dir ragt ein Baum in die Höhe. Du blickst an seinem Stamm entlang – hoch bis zum Himmel und der Sonne. Sie blendet dich fast und du musst deine Hand vor die Augen halten, um etwas zu sehen. Dabei berührst du die Rinde des Baumes. Hart ist sie und rau... Als du einige Schritte weiter gehst, siehst du am Boden eine Pflanze mit winzig kleinen Erdbeeren, Walderdbeeren. Eine davon naschst du! Klein, aber süß! ... Nun wird es Zeit, wieder zurück zu gehen. Lass deine Gedanken nochmals kreisen: Was hast du gesehen, gerochen, gespürt, geschmeckt und gehört...? ... Wenn du so weit bist, komme wieder ins Klassenzimmer zurück, öffne deine Augen und strecke dich kräftig aus.

Den Sonnengesang kennenlernen
Die Schülerinnen und Schüler erzählen zunächst nochmals von ihren sinnlichen Wahrnehmungen. Mit einem Fragezeichen, das an die Tafel geheftet wird, werden sie angeregt, weiter zu denken und zu fragen, z.B. Wer hat diese Welt erdacht? Warum ist alles so schön? …
Die Schülerinnen und Schüler hören nun eine Antwort auf diese Fragen, die der Heilige Franziskus für sich gefunden hat. So würde Franziskus selbst antworten: Wenn ich all das Schöne und Wunderbare in der Natur sehe und mich frage, woher alles kommt und wer sich alles ausgedacht hat, fällt mir immer nur Gott ein. Ihm danke ich immer wieder für diese wunderbare Schöpfung. Als Loblied auf Gott habe ich den Sonnengesang geschrieben:

Text des Sonnengesangs (vereinfacht kindgerecht):

KV:

Gott, Du bist groß

Gelobt wirst du durch unsere Schwester, die Sonne.
Sie geht auf am Morgen, macht unser Leben hell, warm und schön!
Gelobt wirst du durch unseren Bruder Mond.
Er leuchtet durch die Nacht, nimmt uns die Dunkelheit.

KV: Gott, Du bist groß! Alles hast Du erschaffen! Ich lobe Dich und danke Dir dafür!

Gelobt wirst du durch Wind und Luft und Wolken.
Sie ziehen am Himmel hin, bewegen unsere Welt.
Gelobt wirst du durch unsre Schwester Wasser.
Sie löscht den Durst, schenkt Leben den Pflanzen und Tieren.

KV: Gott, Du bist groß! Alles hast Du erschaffen! Ich lobe Dich und danke Dir dafür!

Gelobt wirst du durch unsern Bruder Feuer.
Er ist kräftig, gefährlich und stark.
Gelobt wirst du durch unsre Mutter Erde.
Sie ernährt uns und schenkt uns, was wir zum Leben brauchen.

KV: Gott, Du bist groß! Alles hast Du erschaffen! Ich lobe Dich und danke Dir dafür!

Gelobt wirst du, wenn wir Menschen auch verzeihen.
Wenn wir zusammenhalten, uns stärken und schützen.
Gelobt wirst du auch durch unseren Bruder Tod.
Er führt uns den Weg in ein neues Leben.

KV: Gott, Du bist groß! Alles hast Du erschaffen! Ich lobe Dich und danke Dir dafür!

Kreatives Gestalten
Die Schülerinnen und Schüler erzählen sich gegenseitig nochmals, wofür Franziskus dankt und entscheiden sich für EINEN der Begriffe. Daraus entstehen die acht Gruppen, die den Text des Sonnengesanges auf Plakaten oder Leinwänden kreativ umsetzen: Sonne, Mond, Wind- Luft – Wolken, Wasser, Feuer, Erde, Menschen, Tod. Gemeinsam versuchen sie in der Gruppe, ein Bild zu ihrem Begriff zu malen und so ein Wandfries zu erstellen, das den Sonnengesang des Franziskus illustriert.

Einstimmen ins Lob der Schöpfung
Abschließend hören die Schülerinnen und Schüler bei meditativer Musik nochmals den Text des Sonnengesangs. Dabei können die Schüler und Schülerinnen mit ihren gestalteten Werken in die Mitte treten. Vorstellbar wäre auch eine gestalterische Umsetzung des Textes im Kreis durch entsprechende Bewegungen zu den einzelnen Strophen.

Mögliche Weiterführung:
Aus der Arbeit mit dem Text des Sonnengesangs und den Bildern kann der Schulschlussgottesdienst gestaltet werden.

Material AUF CD-ROM M

Material auf der CD Rom:

- Lied: „Gott, Du bist groß"

- Bilder zum Sonnengesang/ Bildkarten „Franziskus

FRANZ von ASSISI

TOD

LUFT/ WIND

SONNE/ TAG

MOND/ NACHT

FEUER

MENSCH

WASSER

ERDE

9. Stunde: „Gott hat diese Welt und jeden von uns gewollt - Psalm 104, 1.2.5.10.14 und Psalm 139, 2.5.14"

Die Frage nach dem "Woher" und "Wohin" der Schöpfung knüft an die letzte Stunde an und regt die Schülerinnen und Schüler an, weitere "große Fragen" zu formulieren. In der Weiterführung erfahren sie, dass diese Fragen die Fragen aller Menschen sind, auf die zu unterschiedlichen Zeiten immer neue Antworten gesucht wurden, z.B. auch in den Psalmen. Die Auseinandersetzung mit Versen aus den Psalmen 104 und 139 rundet die Stunde ab, die mit einem Danklied beendet wird.

Die Schülerinnen und Schüler...	Didaktik und Methodik	Medien
stellen (sich) die großen **Fragen**	Imaginationsübung	Psalmverse
setzen sich mit Antworten aus Psalmtexten **auseinander**	Lehrererzählung	Lehrererzählung „Menschen denken über ihre Welt nach"
drücken ihre Freude über die Liebe Gottes zur Schöpfung **aus**	Arbeit mit Psalmworten	AB „Gott hat diese Welt und jeden von uns gewollt"

„Große" Fragen stellen

Angeregt durch eine Imaginationsübung formulieren die Schülerinnen und Schüler „große Fragen“. Folgende Impulse der Lehrkraft können dazu anregen:
Kennst du das auch? Manchmal liege ich nachts lange wach im Bett... Viele Gedanken gehen mir durch den Kopf... Ich frage mich: Gibt es mich nur einmal auf dieser Welt? ... Ist jemand so wie ich? Ist ein anderer so wie ich? Genauso? ... Woher komme ich eigentlich? ... Wer hat sich ausgedacht, wie ich aussehe, wie ich lebe, was ich mag und was ich kann? ... Und wer hat die Welt um mich herum erdacht? Oder ist alles aus Zufall entstanden? – Fragen über Fragen... Manchmal kann ich gar nicht einschlafen, weil mich so viele Fragen beschäftigen und ich unbedingt nach Antworten suchen muss...

Sich mit Antwort(versuch)en auseinandersetzen
Im anschließenden Unterrichtsgespräch werden die Schülerinnen und Schüler eingeladen, von eigenen Fragen zu erzählen und evtl. auch von Antworten, die sie schon (für sich) gefunden haben. Eine weiterführende Erzählung der Lehrkraft stellt die großen Fragen in den Kontext der Menschheitsgeschichte, z.B.

Die Lehrererzählung „Menschen denken über ihre Welt nach" finden Sie auf der CD-Rom

Nach einer kurzen Erzählrunde, in der die Schülerinnen und Schüler noch Fragen zu den Psalmversen stellen können, werden sie eingeladen, sich einen Psalmvers auszuwählen und damit weiter zuarbeiten. Dazu bekommen sie ein Arbeitsblatt, auf den sie den Vers kleben und darüber malen oder schreiben können, was ihnen zu diesem Vers noch einfällt.

Freude über die Liebe Gottes zur Schöpfung ausdrücken
Am Ende der Stunde können die Schülerinnen und Schüler nochmals zu einer Erzählrunde zu ihren Bildern/ Gedanken zusammenkommen und diese in ein Loblied münden lassen, z.B. „Gottes Liebe "

Material auf der CD Rom:

- Psalmverse zum Ausmalen und Lehrererzählung „Menschen denken..."

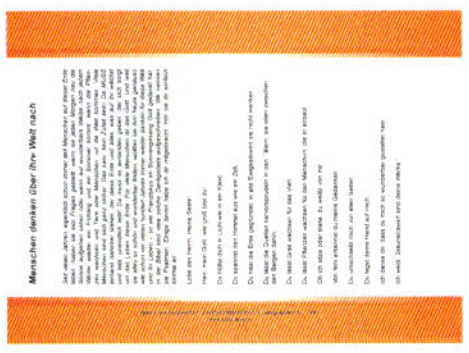

- Lied „Gottes Liebe" und AB: „Gott hat diese Welt und jeden von uns gewollt"

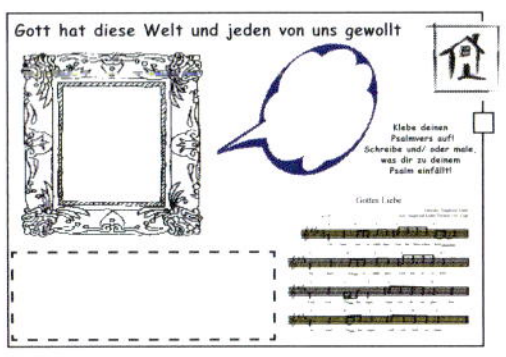

10. Stunde: „Ich habe dich beim Namen gerufen - Jes 43"

Die Schülerinnen und Schüler werden beim Namen in den Stuhlkreis gerufen und setzen sich im Anschluss an das Morgenritual mit ihren eigenen Assoziationen zu einem Vers aus Jes 43 auseinander. Dabei wird ihnen deutlich, dass der Name die ganze Person, sie selbst meint. Sie hören die Zusage Gottes in einem Textabschnitt aus Jes 43 und vertiefen diese emotional in einer Bildbetrachtung. Für sie wichtige Aspekte halten sie in einer Umrisszeichnung des Kunstbildes als persönliche Zusage fest.

Die Schülerinnen und Schüler...	Didaktik und Methodik	Medien
wissen, dass der Name immer auch die Person/ den Menschen meint	Übung	Klangschale
kennen den Mutmachtext des Propheten Jesaja	Lehrererzählung	Bibel
	Bildbetrachtung	Bild „Willkommen,.."
erspüren, dass sie die Liebe Gottes umfängt, trägt und hält		AB „Ich habe dich beim Namen gerufen"

Den Namen mit der eigenen Person verknüpfen

Die Lehrkraft lädt die Schülerinnen und Schüler ein, in den Stuhlkreis zu kommen. Dabei schlägt sie jeweils die Klangschale an, wartet bis der Ton verklungen ist und flüstert dann den Namen eines Kindes, das in den Stuhlkreis kommt.

Wenn alle Kinder im Stuhlkreis sitzen, wird der Vers Jes 43,1 in die Mitte gelegt, die Kinder lesen den Vers mehrmals laut vor. Es schließt sich ein Gespräch an, bei dem folgende Impulse und Weiterführung hilfreich sein können:

WER ruft dich denn bei deinem Namen?
Wer hat deinen Namen ausgesucht und warum?
Wer ist gemeint, wenn der Name gerufen wird?
Der Name hat immer etwas mit der Person zu tun! Es tut gut, wenn jemand meinen Namen kennt. Dann weiß ich: ICH bin gemeint, nicht der oder die hinter oder neben mir. Deine Eltern haben deinen Namen ganz bewusst ausgesucht, weil er ihnen gefallen hat, weil er sie an etwas erinnert, weil er eine schöne Bedeutung hat. Bei der Taufe hast du deinen Namen bekommen und manchmal wird bei der Taufe auch ein Bibeltext gelesen, der vom Namen erzählt und von einem, der deinen Namen kennt.

Den Mutmachtext Jes 41/ 43 kennenlernen

Der Bibeltext aus Jesaja, der für viele Tauffeiern ausgewählt wird, wird nun langsam vorgelesen:

Gott sagt zu dir:
Fürchte dich nicht, denn ich bin mit dir,
hab keine Angst, denn ich bin dein Gott.
Ich habe dich beim Namen gerufen, du gehörst mir.
Ich helfe dir, ja, ich mache dich stark.
Denn ich bin der Herr, dein Gott, der deine rechte Hand ergreift
und der zu dir sagt: Fürchte dich nicht, ich werde dir helfen.

Die Lehrkraft liest den Text ein zweites Mal vor und lädt die Schülerinnen und Schüler ein, im Anschluss den Satz, das Wort zu wiederholen, das für sie am wichtigsten war.

Der Liebe Gottes nachspüren

Ich habe euch ein Bild mitgebracht, das zu diesem Bibeltext passt:

„Willkommen, kleiner Mensch“ von HaPe Eggerl

Die Schülerinnen und Schüler werden nun angeleitet, in einzelnen Schritten das Bild zu betrachten: Zunächst die spontane Wahrnehmung, danach die Farb- und Formanalyse, die Emotionen, die das Bild in ihnen auslöst und schließlich sind sie eingeladen, sich einen Platz im Bild zu suchen. Dies kann mit folgenden Impulsen geschehen:

Geh mit deinen Augen langsam durch das Bild! Sieh es dir genau an! Was siehst du?
Was fällt dir im Bild noch auf? Welche Farben und Formen kannst du erkennen?
Wie wirkt das Bild auf dich? Welche Gefühle hast du, wenn du das Bild ansiehst?
Wenn du in das Bild hinein steigen könntest – wo wäre dein Lieblingsplatz im Bild?

Im Anschluss an die Bildbetrachtung erhalten die Schülerinnen und Schüler ein AB mit den Konturen des Kunstbildes, das sie selbst in den Farben ihrer Wahl ausmalen und beschriften können, z.B. mit ihrem Namen und einem Satz aus dem Jesajatext.

Material auf der CD Rom:

- Bild „Willkommen, kleiner Mensch" und Arbeitsblatt: „Ich habe dich...“

11. Stunde: „Wir feiern NAMENstag!"

Die Schülerinnen und Schüler haben sich anhand des Jesajatextes mit der Besonderheit ihres Namens vertraut gemacht. Angeregt durch die Weiterführung der Fallgeschichte von Lena und Jakob artikulieren sie ihr Vorwissen zum Begriff und zur Feier des Namenstages, erfahren, welche Bedeutung die Namensgebung im Blick auf den eigenen Namenspatron haben kann und initiieren gemeinsam ein Ritual zur Feier der Namenstage innerhalb der Religionsgruppe.

Die Schülerinnen und Schüler...	Didaktik und Methodik	Medien
erfahren in der Fallgeschichte von Lena und Jakob von einem ungewöhnlichen Geschenk	Unterrichtsgespräch Austausch in Kleingruppen	Geschichte Brief an Jakob Briefumschlag mit Infos zum Namenspatron der Kinder
bringen ihr Vorwissen rund um Namenstage zum Ausdruck		
erkennen den Zusammenhang zwischen Namenstagsfeiern und dem Namenspatron		AB „Wir feiern NAMENstag"
sammeln Ideen und **planen** ein Ritual für gemeinsame Namentsagsfeiern in der Religionsgruppe		

Von einem ungewöhnlichen Geschenk erfahren

Die Lehrkraft begrüßt die Schülerinnen und Schüler und erzählt weiter von Jakob und Lena: *Als Jakob einige Tage später aus der Pause zurück an seinen Platz kommt, liegt dort ein kleines Päckchen für ihn. Jakob überlegt: Ich habe doch gar nicht Geburtstag! Neugierig öffnet er den kleinen Briefumschlag und liest: Lieber Jakob, herzlichen Glückwunsch zum Namenstag! Ich freue mich, dass du mein Freund bist! Deine Lena.*

Vorwissen einbringen

Im anschließenden Gespräch erzählen die Schülerinnen und Schüler, was sie schon alles vom Namenstag wissen: wann sie selbst Namenstag feiern, ob und wie daheim gefeiert wird, welchen Namenspatron sie haben.

Den Zusammenhang von Namenstag und Namenspatron erkennen

Je nach Vorwissen der Schülerinnen und Schüler kann die Lehrkraft ergänzen, z.B. *Wenn Eltern ihren Kindern einen Namen geben, denken sie oft auch an Menschen, denen ihr Leben besonders gut gelungen ist, die ihnen Vorbild und Hilfe für ihr eigenes Leben sein können. Solche Menschen nennen wir Christen Heilige. Wenn Eltern z.B. den Namen Martin auswählen, wünschen sie sich für ihr Kind, dass es genauso hilfsbereit und liebevoll mit den Nächsten umgeht, dass es bereit ist zu teilen und für andere da zu sein.*

Jeder von euch hat einen Namenspatron, einen Heiligen, zu dem er auch beten kann und den er um seinen Schutz und seine Begleitung bitten darf. Damit du weißt, wer dein Namenspatron ist, habe ich auch dir einen kleinen Briefumschlag mitgebracht. Darin findest du verschiedene Informationen und ein Bild von deinem Namenspatron.

Ergänzend dazu bekommt jedes Kind ein AB, in das es seinen Namen, den Namenspatron und das Datum des Namenstages eintragen kann.

Ideen sammeln und ein gemeinsames Ritual planen
Geburtstage werden in der Klasse und zuhause ausgiebig gefeiert. Als Ergänzung und Spezifikum des katholischen Religionsunterrichtes schlägt die Lehrkraft den Kindern eine gemeinsame Feier des Namenstages vor. Alle Kinder, die bis zu diesem Tag des Schuljahres bereits Namenstag hatten, werden beglückwünscht und ein Ritual eingeführt, das in Zukunft bei jedem Namenstagskind so gefeiert wird, z.B.
Das Namenstagskind stellt sich in die Mitte, alle heben einen Arm nach oben zur Mitte, so dass ein „Segensdach" entsteht über dem Namenstagskind. Gemeinsam kann nun das Segenslied (s.u.) gesungen werden. Im Anschluss daran darf das Namenstagskind ein Gebet sprechen oder einen Wunsch äußern für die gemeinsame Unterrichtsstunde, z.B. Ich wünsche mir heute, dass wir besonders Rücksicht aufeinander nehmen...

Das „Segenslied" finden Sie auf der CD-Rom

Ein Namenstagsgebet könnte lauten:
Guter Gott,
heute feiere ich Namenstag!
Ich trage den Namen eines Menschen,
der mir Vorbild sein kann in meinem Leben.
Durch ihn schützt und begleitest du mich.
Dafür danke ich dir.
Amen.

Material auf der CD Rom:

- Arbeitsblatt: „Wir feiern NAMENstag!" und Segenslied „So wie eine Mutter"

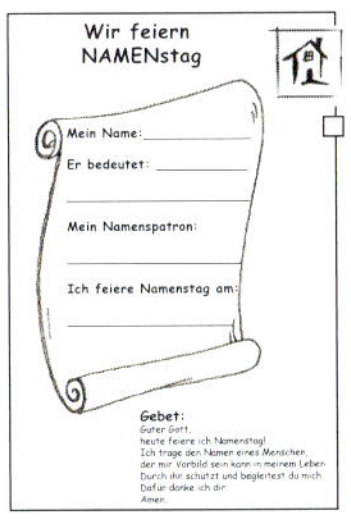

12. Stunde: „Der schönste Name Gottes - ich bin der, der immer da ist!"

Anknüpfend an die letzte Stunde erzählen die Schülerinnen und Schüler von ihrem Namen und dessen Bedeutung für ihre gesamte Person und diskutieren die Frage, welche(n) Namen Gott haben könnte. Sie hören aus Ex 3 von Gottes Namen "Jahwe", der gleichzeitig Versprechen und Programm ist und bringen anknüpfend an diese Zusage ihre Anliegen vertrauensvoll in Gebetsrufen vor diesen Ich-bin-da-Gott, der auch für sie persönlich da sein will und wird.

Die Schülerinnen und Schüler...	Didaktik und Methodik	Medien
entdecken ihren Namen unter vielen anderen	Rätseln	Buchstabensuppe
erinnern sich an den Zusammenhang zwischen Name und Person	Lehrererzählung	Bibel
erahnen, dass der Name Gottes sein Programm, sein Versprechen für die Menschen ist		Teelichter
sprechen ihre Bitten und ihren Dank vor Gott **aus**		Lehrererzählung „Der Name Gottes"
		AB „Der schönste Name Gottes"

Den eigenen Namen entdecken und sich an die Bedeutung erinnern

Die Schülerinnen und Schüler suchen in einer Buchstabensuppe bekannte Worte und entdecken dabei ihre Namen.

R	G	T	C	J	U	L	I	U	S	R	R	A	R	M
V	H	S	E	L	I	N	A	A	Q	A	Q	N	N	A
B	A	T	T	I	N	A	R	V	T	L	T	T	N	R
E	N	P	V	T	H	O	M	A	S	F	R	O	F	I
T	S	A	D	O	R	I	S	T	B	W	M	N	A	O
T	P	T	J	G	H	C	E	L	I	S	A	B	E	T
I	E	R	O	M	I	L	J	L	F	B	R	T	D	R
N	T	I	N	A	M	A	R	I	E	G	T	O	M	R
A	E	C	A	X	R	U	T	G	L	V	I	V	G	E
B	R	K	S	I	D	D	V	B	I	A	N	N	A	I
K	L	A	U	S	X	I	C	X	X	T	A	Z	U	N
L	I	S	A	A	J	A	K	O	B	R	E	C	V	E
M	O	R	I	T	Z	S	D	M	I	R	I	A	M	R
C	G	B	S	U	S	I	C	V	B	G	Z	H	J	M
C	V	N	M	K	M	A	G	D	A	L	E	N	A	M

Anknüpfend an die letzte Stunde wiederholen die Schülerinnen und Schüler nochmals, dass der Name mit der Person zu tun hat und viel aussagen kann. Ein weiterführender Impuls der Lehrkraft führt zum Stundenthema hin:

„EIN Name fehlt, der Name dessen, der auch hier in unserer Mitte ist, der Name Gottes. Vielleicht hast du eine Idee?“
Die Schülerinnen und Schüler vermuten und sammeln Namen für Gott: z.B. Gott (Vater), Herr, Schöpfer, Jesus ....

Den Namen Gottes als Programm erahnen
Die Lehrkraft kann so oder ähnlich weiterführen und zur biblischen Erzählung überleiten:

Die Lehrererzählung „Der Name Gottes" finden Sie auf der CD-Rom

Bitten und Dank vor Gott aussprechen
Die Schülerinnen und Schüler versammeln sich im Stuhlkreis und entzünden die Kerze. Sie erzählen die Dornbuscherzählung mit eigenen Worten nach und stellen ihre Fragen zum Text. In der Weiterführung sind sie eingeladen, diese Zusage Gottes an Mose auch für ihr eigenes Leben wahr- und anzunehmen, z.B.:
Gott verspricht nicht nur Mose, sondern auch dir: „Ich bin da – das ist mein Name für immer. Darauf kannst du dich verlassen.
Ich lade dich ein, eine Bitte oder einen Dank vor Gott zu bringen. Dazu darfst du ein Teelicht anzünden. Du kannst z.B. bitten: Gott, sei bei mir, wenn ich Angst habe! oder danken: Ich danke dir, dass du bei mir bist, wenn ich mich alleine fühle!
Die Schülerinnen und Schüler tragen nacheinander Bitte und/ oder Dank vor Gott und entzünden dazu ein Teelicht an der Kerze in der Stuhlkreismitte.

Material auf der CD Rom:

- Vorlage, um Buchstabensalat selbst zu erstellen

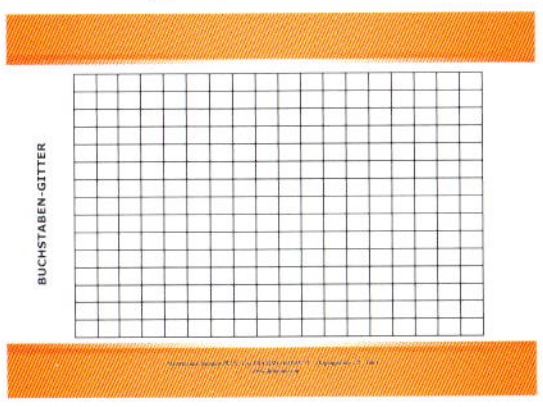

- Arbeitsblattt: „Der schönste Name Gottes ...“ und Lehrererzählung „Der Name Gottes"

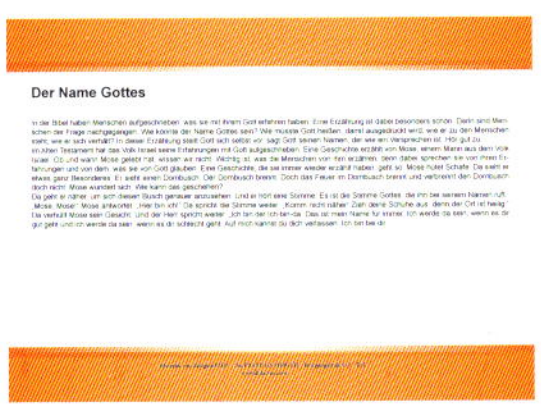

13. Stunde: „Meine Fragen an Gott: Wo ist Gott? Wie sieht er aus? Was kann Gott? - Philosophieren mit Kindern"

Die Schülerinnen und Schüler versammeln sich im Stuhlkreis und rekapitulieren nochmals den Namen Gottes aus der letzten Stunde "Ich-bin-da".
Angeregt durch verschiedene Symbolbilder machen sie sich auf die Suche nach einem Bild, das etwas für sie persönlich über Gott aussagt und tauschen ihre Gedanken zu den einzelnen Bildern untereinander aus. Durch die Vielzahl der Bilder und dazu passenden Gedanken erahnen die Schülerinnen und Schüler etwas von der Größe und Unfassbarkeit Gottes und von den vielen Fragen, die offen bleiben. Diese werden formuliert und festgehalten. Ein abschließendes Lied, das nochmals die Fragethematik aufgreift, schließt die Stunde ab.

Die Schülerinnen und Schüler...	Didaktik und Methodik	Medien
nehmen anhand verschiedener Bildkarten Symbole für Gott **wahr**	Bildauswahl,	Symbolkarten (mehrmals ausgedruckt)
bringen im Austausch eigene Vorstellungen von Gott **zur Sprache**	kreatives Schreiben,	Wortkarten zum Beschriften
formulieren eigene Fragen zu ihren Gottesvorstellungen	Unterrichtsgespräch	AB „Meine Fragen an Gott"
		Lied: „Was ist Gott"

Symbole für Gott wahrnehmen

Die Schülerinnen und Schüler kommen im Stuhlkreis zusammen und betrachten in Ruhe bei leiser Meditationsmusik die ausgelegten Symbol-Bildkarten und wählen sich eine Karte aus. Folgender Arbeitsauftrag kann ihnen dabei helfen:
Suche dir eine Karte aus, die für dich etwas von Gott erzählt oder mit der du den anderen etwas von Gott zeigen oder erzählen kannst!
Die Kinder nehmen die Karte mit an ihren Platz und schreiben dazu einen Satz oder eine Geschichte. Hilfreich könnten dazu Satzanfänge sein wie „Mein Bild zeigt.... Ich denke dabei an.... Mit Gott verbinde ich..."

Eigene Vorstellungen von Gott zur Sprache bringen

Wenn alle Kinder mit dem Schreiben fertig sind, kommen sie im Stuhlkreis zusammen und lesen ihre Ergebnisse vor. Deutlich wird dabei: Im Nachdenken und Sprechen von Gott wird er lebendig! Es braucht viele Vorstellungen von Gott! Ein Bild allein kann Gott nicht beschreiben! Bilder sind immer nur Symbole! Unsere Vorstellung von Gott verändert sich! Manches wissen wir von Gott oder glauben wir, manche Fragen bleiben (für immer) offen.

Eigene Fragen formulieren

Die Fragen, die im Gespräch auftauchen, werden auf Wortkarten geschrieben und in die Mitte gelegt. Die Kinder dürfen anschließend ihre persönlichen Fragen an Gott auf dem AB festhalten und ihr Bild von der ausgewählten Karte abmalen oder einkleben:

Mögliche Weiterführung:

Lied „Was ist Gott"

Dieses Material findet sich auf der CD-Rom

Das Lied „Was ist Gott" finden Sie auf der CD-Rom

Material auf der CD Rom:

- Karten mit verschiedenen Bildern – Symbole für Gott und Lied "Was ist Gott"

- Arbeitsblatt: „Meine Fragen an Gott: Wo ist Gott? Wie sieht er aus? Was kann Gott?"

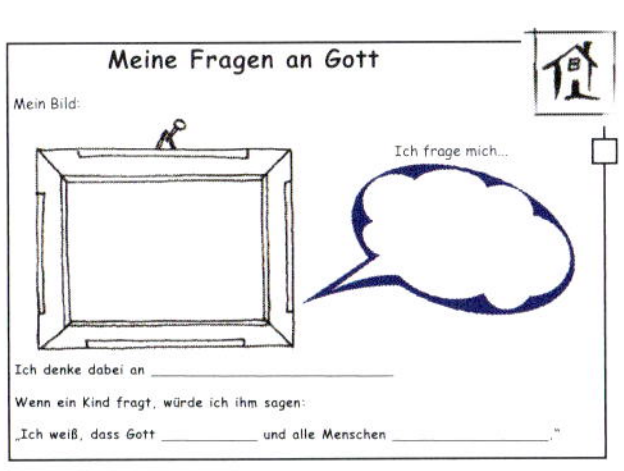

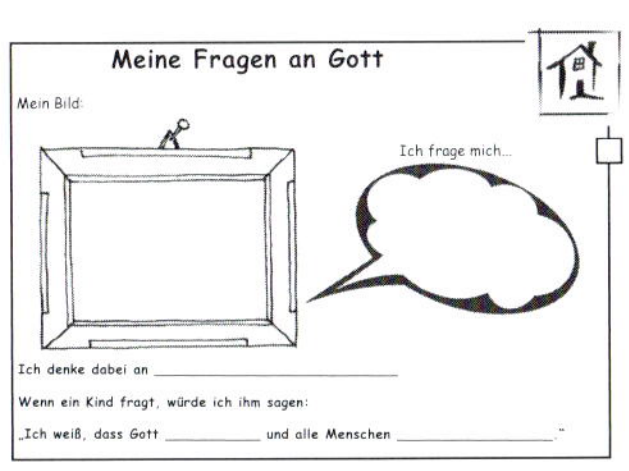

14. Stunde: „Gott in tausend Bildern!"

Die Bilder der letzten Stunde in der Stuhlkreismitte lassen die Schülerinnen und Schüler nochmals die Gedanken präsent werden, die sie dazu formuliert hatten und verdeutlichen so die Unfassbarkeit Gottes, der sie auch in einer Erzählung von Theophilius im Anschluss begegnen. Angeregt durch die Erzählung gestalten sie ihr eigenes Bild von Gott um einen vorgegebenen Bildausschnitt weiter. Im abschließenden Stuhlkreis stellen sie sich gegenseitig ihre Bilder und ihre Gedanken dazu vor bzw. geben sich gegenseitig Rückmeldung zu ihren "Werken".

Die Schülerinnen und Schüler...	Didaktik und Methodik	Medien
erinnern die Vorstellungen von Gott aus der letzten Stunde	Unterrichtsgespräch	Bilder
erspüren, dass Gott, sein Wesen und seine Nähe zu uns Menschen unfassbar sind	Lehrererzählung	Geschichte von Theophilius
gestalten kreativ ihre eigene Vorstellung von Gott um einen vorgegebenen Bildausschnitt	kreatives Gestalten	Farben
reflektieren ihre eigenen Vorstellungen von Gott im Austausch über ihre gestalteten Werke		Blätter
		AB „Gott - schon immer da"

Sich erinnern an verschiedene Gottesvorstellungen

In der letzten Stunde haben die Schülerinnen und Schüler sich Bilder ausgewählt, die für sie etwas mit GOTT zu tun haben. Diese Bilder liegen als Impuls in der Stuhlkreismitte und regen an, die eigene Vorstellung von Gott nochmals zur Sprache zu bringen.

Die „Unfassbarkeit" Gottes in der Geschichte des Theophilius erspüren

Die Lehrererzählung „Das Bild des Theophilus" finden Sie auf der CD-Rom

Die Lehrkraft führt so oder ähnlich weiter:

Auch wenn wir noch so viele Bilder haben, werden wir Gott trotzdem nie ganz erkennen und begreifen. Gott bleibt immer ein Geheimnis! Ist er da, ganz nah bei uns? Oder ist er weit weg? – Viele Fragen bleiben offen und doch gibt es einige Antworten.

Nach der Erzählung fassen die Schülerinnen und Schüler die wichtigsten Aussagen nochmals zusammen. Ergänzend werden sie angeregt, eigene Antworten auf die Frage nach Gott zu formulieren.

Kreatives Gestalten
Die Schülerinnen und Schüler erhalten einen Bildausschnitt in einem vorgegebenen noch leeren Bilderrahmen und sind eingeladen, mit Farben und Formen ihrer eigenen Gottesvorstellung in Weiterführung des Bildausschnittes kreativ nachzuspüren und Gestalt zu geben.

Eigene Vorstellungen zur Sprache bringen und reflektieren
Wenn alle Schülerinnen und Schüler mit ihren Bildern fertig sind, können diese ausgestellt werden – entweder werden alle Bilder im Klassenzimmer aufgehängt und in Form einer Vernissage und in Stille betrachtet oder in vier Gruppen, so dass sich jeweils ein Viertel der Schülerinnen und Schüler mit ihren Bildern aufstellt und der verbleibende Teil der Klasse die Bilder betrachtet. Jeder Schüler/ jede Schülerin stellt sich zu dem Bild, das sie/ ihn am meisten interessiert und unterhält sich mit dem „Künstler" - danach kommt die nächste Künstlergruppe an die Reihe.

Material auf der CD Rom:

- Arbeitsblatt: „Gott – schon immer da“ - in zwei Varianten: bunt und s-w

Gott - schon immer da!

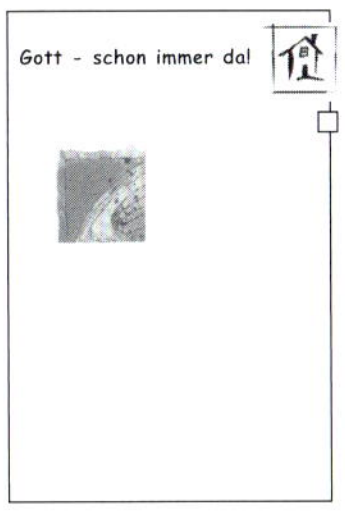
Gott - schon immer da!

- Lehrererzählung „Das Bild des Theophilius“

15. Stunde: „Gott geht mit - "Ich fürchte kein Unheil, denn du bist bei mir" - Psalm 23"

Dass Gott unvorstellbar, aber bildhaft und symbolisch umschreibbar ist, haben die Schülerinnen und Schüler in den letzten Stunden bedacht. In einer Fantasiereise knüpfen sie daran an und bedenken einen imaginären Weg. Im Gestalten findet dieser Weg mit seinen Besonderheiten Ausdruck und wird darüber hinaus symbolisch als Lebensweg gedeutet. In der Auseinandersetzung mit dem Psalm 23 spüren die Schülerinnen und Schüler dieser immanenten Wegbegleitung Gottes nochmals nach und vertiefen diese Zusage in einem abschließenden Lied.

Die Schülerinnen und Schüler...	Didaktik und Methodik	Medien
imaginieren einen Weg in einer Fantasiegeschichte	Fantasiereise	Tücher und Legematerial
gestalten ihren eigenen Weg mit Legematerialien und erzählen dazu	Gestalten,	Bibel
kennen den Psalm 23 und das Bild des Hirten für Gott	Unterrichtsgespräch	Wortkarten mit Psalm-Worten/ -Versen
nehmen die Zusage der Wegbegleitung Gottes auch für sich ganz persönlich **wahr**		Lied „Du bist bei mir"
		AB „Gott geht mit"

Wege imaginieren und gestalten

Die Schülerinnen und Schüler versammeln sich im Stuhlkreis und werden zu einer Traumreise eingeladen. Folgende Impulse können diese lenken:
Setz dich gut auf deinen Stuhl und schließe die Augen... Versuche langsam und gleichmäßig zu atmen und ganz ruhig zu werden... Ich lade dich ein, mit mir in Gedanken einen schönen Weg zu suchen... er geht heraus aus der Stadt ... auf einen Feldweg ... wir gehen an einer grünen Au vorbei, einer schönen Wiese mit duftenden Blumen und Wasser ... neben dem Weg plätschert ein kleiner Bach ... wir gehen weiter und kommen in einen Wald ... je tiefer wir in den Wald kommen, desto dunkler wird es ... der Weg wird immer enger, rechts und links kommen Felsen in unseren Blick ... wir gehen weiter durch diese dunkle Schlucht ... am Ende können wir schon das Licht der Sonne sehen ... wir atmen auf und freuen uns am hellen Licht und der weiten Wiese, die wir sehen können ... Lass dir Zeit, den Weg in Gedanken nochmals zu gehen und genau anzuschauen...... Wenn du so weit bist, komme wieder in unser Zimmer zurück, öffne deine Augen und strecke dich aus...

Die Lehrkraft lädt die Schülerinnen und Schüler ein, nun von diesem imaginären Weg der Fantasie zu erzählen und ihn mit Tüchern und Materialien zu legen und dabei im kreativen Tun zu bedenken: Welche Farbe hat mein Weg – welche Symbole sind mir wichtig auf dem Weg ...? Meditative Musik kann ihnen helfen, zur Ruhe zu kommen und ganz bei sich zu sein. Im Anschluss daran erzählen sie von ihren Wegen.

ZUR SYMBOLFÄHIGKEIT

Die Schülerinnen und Schüler der ersten Jahrgangsstufe sind noch nicht voll umfänglich symbolfähig. Es fällt ihnen schwer, den Weg als Symbol zu erschließen bzw. von konkreten Wegen ausgehend den Weg als Metapher zu verstehen (Lebensweg). Dennoch erscheint es möglich, an dieser Stelle im Vorgriff auf eine umfänglichere Erschließung von Symbolen mit dem Begriff Weg als Bild und Vorstellung für das eigene Leben zu arbeiten. Es ist davon auszugehen, dass einigen Kindern dieser Zugang schwerer fällt als anderen und deswegen immer auch Vorstellungen, die ganz in der Realität verwurzelt bleiben, zu erwarten sind.

Die Lehrkraft führt so oder ähnlich weiter:
Wenn wir das Wort „Weg" sagen, meinen wir nicht nur die Wege, die wir jeden Tag gehen. Wir meinen damit auch den Weg unseres Lebens, den Lebensweg. Vor vielen Jahren hat ein Mensch seine Gedanken über sein Leben, seinen Lebensweg aufgeschrieben:

> Wenn ich zurückschaue auf mein Leben, dann ist mein Leben sehr unterschiedlich verlaufen. Es gab Zeiten, in denen ich glücklich und zufrieden war, aber auch Zeiten, wo ich traurig war und nicht wusste, wie es weitergehen soll. Heute bin ich ganz zufrieden damit, wie mein Leben jetzt ist. Ich bin froh und dankbar, dass ich die schwierigen Dinge gut geschafft habe. Zum Glück gab es immer Menschen an meiner Seite, die bei mir waren, die mir geholfen und mich gestützt haben.
> Und dann war da noch etwas anderes: Ich weiß gar nicht, wie ich das sagen soll, aber nach all den Jahren denke ich, ich hatte auch immer Gott an meiner Seite, zu dem ich oft gesprochen habe und den ich oft gefragt habe, wie es weitergehen soll. So wie ein Freund mich begleitet, so war auch er bei mir: Wie ein guter Hirte auf seine Schafe achtet, ihnen den Weg zeigt und sie führt. So war Gott bei mir! Diese Erfahrung wollte ich aufschreiben und an andere weitergeben, damit auch sie wissen und spüren: Gott geht mit auf den Wegen unseres Lebens – wenn sie schön und wenn sie schwer sind…

Den Psalm 23 als Wegpsalm kennenlernen
Die Schülerinnen und Schüler hören den Psalm 23:

> Du, Herr bist mein Hirte, nichts wird mir fehlen.
> Du lässt mich lagern auf grünen Auen und führst mich zum Ruheplatz am Wasser.
> Muss ich auch wandern in finsterer Schlucht, ich fürchte kein Unheil;
> denn du bist bei mir, dein Stock und dein Stab geben mir Zuversicht.

Im Unterrichtsgespräch werden zunächst schwierige Begriffe geklärt, dann wird der Psalm nochmals vorgelesen und die Kinder eingeladen, im Anschluss einzelne Worte oder Sätze zu wiederholen, die sie am schönsten fanden.
Die einzelnen Satzverse liegen in der Mitte, jedes Kind wählt sich eines aus, das es mit an den Platz nimmt und ein Bild dazu malt.
Gemeinsam kann der Psalm nochmals als Ganzes gebetet und vielleicht auch auswendig gelernt werden.

Gottes Wegbegleitung für sich persönlich wahrnehmen

Zwischen den einzelnen gebeteten Psalmversen singen die Schülerinnen und Schüler den Liedvers:

Du bist bei mir

Material AUF CD-ROM M

Material auf der CD Rom:

- Arbeitsblatt: „Gott geht mit ...", Psalmverse und Liedvers „Du bist bei mir ..."

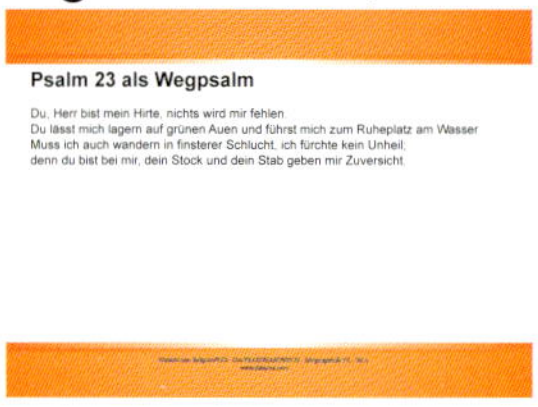

16. Stunde: „Dir darf ich alles sagen, Gott (freies Beten)"

In der vorangegangenen Stunde haben die Schülerinnen und Schüler ihren eigenen Weg und darin auch unterschiedlichste menschliche Erfahrungen bedacht. Angeregt durch Bilder weiten sie nun ihren Blick und werden auf unterschiedliche Befindlichkeiten aufmerksam. In Kleingruppen bedenken sie diese Situationen und formulieren dazu Gebete, die sie abschließend mit einer Zeichenhandlung vor Gott bringen. Das kann sie öffnen, sich selbst und andere Menschen in ganz unterschiedlichen Situationen vertrauensvoll im Gebet Gott anzuvertrauen.

Die Schülerinnen und Schüler...	Didaktik und Methodik	Medien
werden aufmerksam auf verschiedene Lebenssituationen und benennen diese	Bildauswahl	Bilder von Menschen Kerze
formulieren eigene kurze Gebete	Gebetselement	Sonnenstrahlen aus Papier
gestalten eine gemeinsame Gebetsmappe für den Religionsunterricht		Teelichter Gebetsmappe
bringen in Gebetsrufen das Leben **vor Gott**		AB „Dir darf ich alles sagen, Gott"

Auf Lebenssituationen aufmerksam werden
Die Schülerinnen und Schüler kommen im Stuhlkreis zusammen und entdecken nacheinander verschiedene Bilder von Menschen, indem sie sie einzeln umdrehen und beschreiben, was sie sehen, in welcher Situation diese Menschen sind. Sie bringen damit verschiedene Situationen und Befindlichkeiten zur Sprache, z.B. Freude und Trauer, Leid und Glück…

Freie Gebete formulieren
Die Bilder werden von den Schülerinnen und Schülern nun in Kleingruppen weiter bearbeitet. Folgende Arbeitsanregung kann hilfreich sein:
Ihr habt in den letzten Stunden viele Psalmworte kennen gelernt. In diesen Psalmen haben Menschen alter Zeiten alles, was sie bewegt hat, vor Gott gebracht. Dazu seid ihr nun auch eingeladen:
Jeweils vier Kinder formulieren ein Gebet zu einem Bild. Die Gebete werden am Ende der Stunde in einer Mappe zusammengetragen.
Wenn ihr noch mehr Gebete schreiben möchtet, könnt ihr euch noch weitere leere Blätter für die Mappe mit nach Hause nehmen.

Das (eigene) Leben vor Gott bringen (Gebetsmappe erstellen)
Alle „Arbeitsergebnisse“ werden in einer meditativen Gebetsrunde zusammen getragen, die so oder ähnlich eingeleitet werden kann:
Wenn wir auf die Mitte schauen, dann sehen wir das Licht einer Kerze. Es zeigt uns: Wir sind nicht allein. EINER ist immer bei uns, der unser Leben hell und schön machen will. Ihm können wir alles sagen, was uns auf dem Herzen liegt. Ihn können wir auch für uns und andere Menschen bitten.
Das wollen wir nun tun: Einer von euch legt das Bild in die Mitte, ein anderer aus der Gruppe legt einen Sonnenstrahl von der Kerze zum Bild, der nächste liest euer Gebet vor und der vierte zündet ein Teelicht an und stellt es auf das Bild.

Nacheinander schließen die Schülerinnen und Schüler so ihre Auseinandersetzung mit dem Bild/ der Lebenssituation eines Menschen meditativ ab, indem sie diese im Gebet vor Gott bringen. Das kann sie bereit und fähig machen, eigene/ andere Situationen auch betend vor Gott zu bringen.

Material auf der CD Rom:

- Fotos von Menschen in verschiedenen Situationen/ mit unterschiedlichen Gefühlen

- Arbeitsblatt: „Dir darf ich alles sagen, Gott“

17. Stunde: „Wir können gemeinsam beten: Vaterunser"

Verschiedene Gebetsformen haben die Schülerinnen und Schüler bereits in den letzten Stunden kennen gelernt und für sich ausprobiert. Angeregt durch ein Rätsel werden sie nun auf die Anrede "Vater" für Gott aufmerksam und nehmen wahr, wie vertraut und persönlich Jesus von Gott spricht und uns Menschen im "Vaterunser" ebenso dazu einlädt. Begleitend durch erläuternde Bewegungen lernen die Schülerinnen und Schüler in den kommenden Stunden, das Vaterunser (gemeinsam) zu beten.

Die Schülerinnen und Schüler...	Didaktik und Methodik	Medien
entschlüsseln ein Buchstabenrätsel	Rätsel	Buchstabenkarten VATERUNSER
wissen von Jesu besonderer Beziehung zu Gott	Lehrererzählung	Bibel
lernen das Vaterunser mit Bewegungen		AB „Wir können gemeinsam beten"
		Vaterunser - Text mit Bewegungen

Ein Rätsel entschlüsseln

Die Schülerinnen und Schüler versammeln sich im Stuhlkreis. In der Mitte liegen verschiedene Karten mit einzelnen Buchstaben, die zusammengelegt werden sollen. Sie ergeben „VATERUN-SER“ – die Kinder versuchen, dies zu entschlüsseln.

Von Jesu besonderer Beziehung zu Gott erfahren
Die Lehrkraft führt weiter:

Die Lehrererzählung zum Vaterunser finden Sie auf der CD-Rom

Die Schülerinnen und Schüler haben nun die Möglichkeit, ihre eigenen Fragen zu äußern und zu erzählen, ob und wie weit sie das Vaterunser schon beten können.

Das Vaterunser lernen

Am einfachsten lernen Kinder das Vaterunser, wenn der Text mit Bildern oder Bewegungen verknüpft wird, die gut zum Text passen, ihn deuten und eine Eselsbrücke sind.
In den kommenden Stunden sollte nach Möglichkeit immer wieder das Vaterunser gebetet und geübt werden!

Vater unser im Himmel,	
geheiligt werde dein Name,	*- Arme auf Schulterhöhe anheben*
dein Reich komme,	*- Arme zu einer Krone im Kreis nach oben bewegen*
dein Wille geschehe	*- mit einem Arm nach oben zeigen*
wie im Himmel, so auf Erden.	*- mit dem anderen Arm nach unten zeigen*
Unser tägliches Brot gib uns heute	*- Hände zur Schale vor dem Bauch formen*
und vergib uns unsere Schuld	*- Arme vor der Brust kreuzen*
wie auch wir vergeben unseren Schuldigern.	*- einander die Hände reichen*
Und führe uns nicht in Versuchung,	*- Hände übereinander halten (wie gefesselt)*
sondern erlöse uns von dem Bösen.	*- Hände in weitem Bogen nach oben führen*
Denn dein ist das Reich und die Kraft	
und die Herrlichkeit	*- alle Hände wieder zu einer Krone fassen*
in Ewigkeit.	
Amen.“	

Material auf der CD Rom:

- Buchstabenkarten: VATERUNSER

[1]

- Arbeitsblatt: „Wir können gemeinsam beten: Vaterunser“

1 Passend zum Arbeitsblatt gibt es das Vaterunser mit Bewegungen auch als Poster - erhältlich beim Verlag www.didactus.com

18. Stunde: „In Menschen zeigt sich Gottes Liebe: Luzia..."

Der visuelle Impuls aus der letzten Stunde macht die Schülerinnen und Schüler nochmals auf die besondere Anrede Gottes als Vater aufmerksam und lässt sie einstimmen in ein Loblied auf diesen väterlichen und liebenden Gott, der ganz den Menschen zugewandt ist. Als Antwort auf die Frage, wie Menschen die Liebe Gottes spüren können, hören sie aus dem Leben der heiligen Luzia, die die Liebe Gottes zu den Menschen ihrer Zeit gebracht hat. Das kann die Schülerinnen und Schüler anregen zu einem achtsamen Umgang miteinander, der Gott und seine Liebe (unter uns) lebendig macht.

Die Schülerinnen und Schüler...	Didaktik und Methodik	Medien
erinnern sich durch die Puzzleteile an das Rätsel „Vaterunser"	Rätseln	Buchstabenkarten
bringen die Liebe Gottes sprachlich **zum Ausdruck**	Lehrererzählung	Lied „Gottes Liebe"
verstehen, dass Gottes Liebe sich in Menschen zeigt.		

Sich erinnern
Die Schülerinnen und Schüler kommen im Stuhlkreis zusammen, erinnern sich durch die Puzzleteile „VATERUNSER" an die letzte Stunde und erzählen vom besonderen Verhältnis Jesu zu Gott, seinem Vater.

Gottes Liebe zum Ausdruck bringen
Im gemeinsamen Singen des Liedes „Gottes Liebe" bringen sie ihren Dank für diese Liebe zum Ausdruck und werden gleichzeitig angefragt, wo sie diese Liebe erfahren können:
Wir haben von Gottes Liebe gesungen – hast du sie schon erlebt? Wie spürst DU Gottes Liebe?

Eigene erste Vermutungen werden im Unterrichtsgespräch diskutiert.

Material auf CD-ROM – Dieses Material findet sich auf der CD-Rom

Die Lehrererzählung „Luzia" finden Sie auf der CD-Rom

Anhand der Bilder erzählen die Schülerinnen und Schüler nochmals die Legende nach. Evtl. wissen sie auch etwas vom Brauchtum am Luziatag (13. Dezember), an dem – vor allem in Schweden – die Legende durch die älteste Tochter der Familie nachgespielt wird. Der Verzehr von traditionellem Luzia-Safrangebäck kann die Stunde abschließen.

Material auf der CD Rom:

- Rezept für Luzia-Safran-Gebäck
- Lied "Gottes Liebe"
- Lehrererzählung „Luzia" und Bilder zur Luzia-Erzählung

- Arbeitsblatt: „In Menschen zeigt sich Gottes Liebe: Luzia“ - in zwei Varianten

In Menschen zeigt sich Gottes Liebe: Luzia

Gott vergisst die Menschen nicht.
Er schickt ________.
Sie ______ den Menschen.
In Luzia können sie sehen, dass ______ für sie da ist.
Durch Luzia können sie ________ ________ spüren.

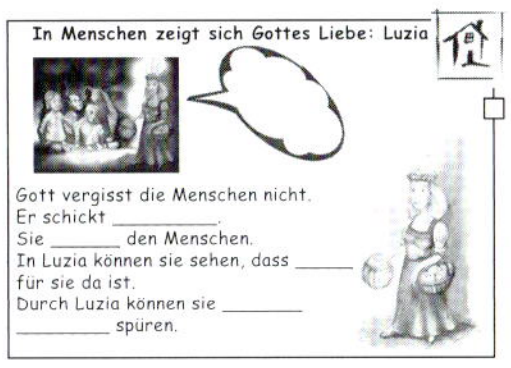
In Menschen zeigt sich Gottes Liebe: Luzia

Gott vergisst die Menschen nicht.
Er schickt ________.
Sie ______ den Menschen.
In Luzia können sie sehen, dass ______ für sie da ist.
Durch Luzia können sie ________ ________ spüren.

19. Stunde: „LICHT im Dunkel"

Zum Abschluss des ersten Lernarrangements steht im Blick auf das Kirchenjahr noch das Thema Advent und Weihnachten an. In einem ersten Zugriff soll dies vor allem symboldidaktisch geschehen im Blick auf Brauchtum im Advent und Weihnachten. Zunächst beschäftigen sich die Schülerinnen und Schüler dazu mit dem Symbol Licht, erspüren dessen Wirkung im Kontrast der Dunkelheit und erahnen, dass Licht nicht nur schön, sondern lebens-notwendig ist. Das kann sie aufschließen für weitere Symbole der Advents- und Weihnachtszeit: Kerzen - Adventskranz und Weihnachtsbaum.

Die Schülerinnen und Schüler...	Didaktik und Methodik	Medien
nehmen Dunkelheit und Licht im Kontrast **wahr**	Symboldidaktische Annäherung	Kerze
bringen ihre Gedanken und Gefühle dazu **zum Ausdruck**		Geschichte und Streichelkarte
erahnen die Notwendigkeit von Licht in unserem Leben		Teelichter in Glashaltern
		großes Seil
erfahren, wie wohltuend der Weg vom Dunkel ins Licht sein kann	Textbegegnung	Lehrererzählung „Jakob und Lena - wenn es dunkel wird"
bringen die adventliche Erwartung nach Licht und Heil in einem Lied **zum Ausdruck**	ganzheitliches Erleben	Lied „Wir sagen euch an, den lieben Advent"

Wahrnehmen von Dunkel und Licht
Nachdem sich alle im Stuhlkreis versammelt und begrüßt haben, wird der Raum – nach vorheriger Ankündigung – verdunkelt. Die Schülerinnen und Schüler verbalisieren ihre Empfindungen anhand der Weiterführung des Satzanfanges „Wenn es dunkel ist … z.B. dann fürchte ich mich … kann ich nichts sehen … fühle ich mich alleine … kann ich mich nicht bewegen…“
Die Lehrkraft zündet die Klassenkerze an und lässt den Lichtschein wirken. Auch auf diesen visuellen Impuls hin sind die Schülerinnen und Schüler eingeladen, ihre Eindrücke zu verbalisieren: „Licht … macht die Dunkelheit hell … ist warm und schön … nimmt die Angst … tut einfach gut …“

Die Notwendigkeit des Lichtes erahnen
Die Lehrkraft kann so oder ähnlich weiterführen und zur Geschichte überleiten: *Jetzt im Winter ist es schon sehr früh am Nachmittag oder Abend dunkel und wenn du am Morgen aufstehst, scheint die Sonne noch lange nicht! Manchmal ist es aber nicht nur um uns herum dunkel, sondern auch in uns: Wenn es uns schlecht geht, wir uns fürchten oder alleine fühlen. Ich habe dir eine Geschichte mitgebracht, die von solch einer Dunkelheit erzählt. Hör gut zu!*

Die Lehrererzählung „Jakob und Lena - wenn es dunkel wird" finden Sie auf der CD-Rom

Die Schülerinnen und Schüler sind eingeladen, die Augen zu schließen. Reihum dürfen sie die Kerze aus Filz oder Moosgummi auf der Karte mit den Händen nachfühlen…-

Es ist eine Karte mit einer Kerze darauf. Lena denkt sich, wenn Jakob im Dunkeln die Kerze spürt, dann weiß er, er ist nicht allein…

Abschließend werden die Schülerinnen und Schüler eingeladen, nochmals von Jakob und Lena zu erzählen und evtl. auch eigene Erfahrungen mit einzubringen, evtl. auch „Tipps“ zu äußern.

Den wohltuenden Weg vom Dunkel ins Licht erfahren
So ähnlich wie Jakob geht es jedem von uns immer wieder: Manchmal fürchten wir uns, haben Angst, fühlen uns alleine, geht es uns schlecht. Dann ist es gut, jemanden zu haben wie Lena, die wie ein Licht in unserem dunklen Leben ist!
Hier im Klassenzimmer haben wir auch in unserer Mitte eine Kerze brennen. Eine einzige Kerze kann die Dunkelheit des ganzen Raumes durchbrechen. Ich lade dich ein, diesen Weg vom Dunkel zum Licht selbst nachzugehen und zu spüren, wie gut das Licht tut. Dazu legen wir gemeinsam ein Seil als Spirale von unserem Kreis hin zur Mitte. Jede/r bekommt ein Teelicht in einem Glas und ist eingeladen, ganz langsam und vorsichtig, den Weg der Spirale entlang zu gehen. Vielleicht fallen dir auf dem Weg in die Mitte auch Situationen ein, die für dich nicht so schön waren, wo du traurig warst oder Angst hattest. Wenn du dann in der Mitte angekommen bist, darfst du dein kleines Licht der Hoffnung an der Kerze entzünden und den Weg nach außen nochmals mit dem Licht in der Hand gehen. Wenn du wieder an deinem Platz bist, stellst du die Kerze vor deinen Füßen ab.

- Nacheinander gehen die Schülerinnen und Schüler den Weg vom Dunkel ins Licht, entzünden ihre Teelichter in der Mitte und nehmen das Licht mit nach außen in den Stuhlkreis. -

Die Lehrkraft kann nach der Übung so oder ähnlich weiterführen: *Wir erleben immer wieder dunkle Zeiten in unserem Leben: Wenn wir traurig sind oder uns alleine fühlen muss es gar nicht wirklich dunkel sein wie in der Nacht. In solchen Zeiten tut es gut, wenn wir ein Licht haben, das uns wärmt und unser Dunkel heller macht. Dieses Licht war für Jakob der Trost und die Streichelkarte seiner Freundin Lena. Solch eine Karte habe ich dir auch mitgebracht als kleinen Trost und kleines Licht, wenn du einmal traurig bist.*

Jedes Kind erhält eine kleine Karte mit der Geschichte von Jakob und Lena. Auf der Vorderseite ist aus Filz oder Moosgummi eine kleine Kerze aufgeklebt, die mit den Händen gefühlt werden kann. –Schön wäre es auch, mit den Schülerinnen und Schülern diese Karte zu basteln oder eine weitere Karte zu basteln, die sie verschenken können. Die Geschichte von Jakob und Lena kann als Kopie in der Karte Platz finden.

Die adventliche Erwartung zum Ausdruck bringen
Die Stunde kann abgerundet werden mit einem Verweis auf die Zeit des Dunkels und Lichtes im Advent:
Jetzt im Advent, den Wochen vor Weihnachten, versuchen wir Christen auch, die Dunkelheit ein wenig heller zu machen. Wir zünden Kerzen an, die Licht bringen und Wärme schenken. Wir singen Lieder vom Licht und der Hoffnung. Eines möchte ich euch lernen:
„Wir sagen euch an den lieben Advent“ (1. Strophe).

Material auf der CD Rom:

* Bastelvorlage „Streichelkarte" und Lehrererzählung „Jakob und Lena - wenn es dunkel wird"

20. Stunde: „Die LICHTER am Adventskranz"

In der letzten Stunde haben die Schülerinnen und Schüler nachempfunden, wie sich Dunkelheit und Licht anfühlen und nachgespürt, wie gut Licht in der Dunkelheit tut. Weiterführend erschließen sie sich nun die Symbole des Adventskranzes: grüne Zweige - Kerzen - Schleifen und erspüren im Singen des Adventsliedes die Erwartung und Vorfreude auf das Weihnachtsfest.

Die Schülerinnen und Schüler...	Didaktik und Methodik	Medien
rekapitulieren die Übung der letzten Stunde	Ganzheitliches Erleben	Seil Kerze
erspüren die Beschaffenheit von Tannenzweigen und deuten diese	symboldidaktische Annäherung	Tuch Teelichter
bringen ihr **Vorwissen** zu den weiteren Symbolen des Adventskranzes **ein**	Liedgestaltung	Korb mit Tannenzweigen 4 rote Kerzen
bringen die adventliche Erwartung nach Licht und Heil in einem Lied **zum Ausdruck**		bunte Schleifen Lied „Wir sagen euch an den lieben Advent" AB „Die Lichter am Adventskranz"

Vorerfahrungen rekapitulieren

Die Schülerinnen und Schüler versammeln sich im Stuhl- oder Sitzkreis. In der Mitte liegt nochmals das Seil, das spiralförmig zur Klassenkerze führt. Die Schülerinnen und Schüler erinnern sich und erzählen von der Übung der letzten Stunde vom Dunkel ins Licht und bringen dabei nochmals eigene Erfahrungen und Eindrücke zu den Symbolen Licht und Dunkelheit im ganz praktischen, aber auch metaphorischen Sinn zum Ausdruck.

Tannenzweige erspüren und Vorwissen einbringen

Die Lehrkraft stellt einen verdeckten Korb mit Tannenzweigen in die Mitte und lädt die Schülerinnen und Schüler zu folgenden Schritten ein:
Zweige verdeckt befühlen – Zweige riechen – Zweige betrachten – die Farbe bedenken und überlegen, was noch in dieser Jahreszeit grün ist – grün als Farbe der Hoffnung entdecken.
Die Zusammenfassung kann so oder ähnlich geschehen:
Wenn im Winter alles verdorrt und trocken ist, die Bäume keine Blätter mehr haben, dann hat der Tannenbaum noch immer seine grünen Nadeln. Grün ist ein Zeichen der Hoffnung. Wir holen uns diese Hoffnungszweige ins Haus und binden daraus einen Kranz, etwas, das rund und vollkommen ist, einen Adventskranz.

Die Schülerinnen und Schüler sind eingeladen, aus den Zweigen in der Mitte einen Kranz zu legen und zu überlegen, was noch fehlt. Die weiteren Symbole werden ähnlich erschlossen.

Schleifen werden betrachtet – wann werden sie gebraucht? Z.B. für Geschenke – Schleifen als Zeichen der Freude, der Überraschung, des Geschenks...

Kerzen – wann zünden wir sie an? Z.B. bei festlichen Anlässen – je mehr Kerzen, desto festlicher – Geburtstage, Namenstage, Feiertage, Kerzen in der Kirche – 4 Kerzen stehen für die 4 Adventssonntage...

Adventliche Erwartung zum Ausdruck bringen
Folgender Impuls kann zusammen mit dem Lied die Stunde abrunden:
Der Adventskranz ist ein Zeichen der Hoffnung und Erwartung! – kannst du diesen Satz verstehen und erklären? ... In einem Lied, das du schon kennst, wird von diesen 4 Lichtern am Kranz gesungen. Wir haben es in der letzten Stunde schon einmal gesungen: Wir sagen euch an den lieben Advent...

Abschließend könnte hier auch eine Segnung des Adventskranzes stattfinden. Anregungen dazu finden sich im neuen Gotteslob Nr. 24
Als Arbeitsblatt gestalten die Schülerinnen und Schüler einen Adventskranz, der mit Kerzen aus Filz oder Moosgummi beklebt wird und ergänzen den Lückentext: Wie das Licht der Kerzen am Adventskranz heller wird, so rückt das Fest der Geburt Jesu, Weihnachten, näher.

Material auf der CD Rom:

- Arbeitsblatt: „Die LICHTER am Adventskranz“

21. Stunde: „Warten auf das LICHT der Welt - Maria"

Die Schülerinnen und Schüler haben in den letzten Stunden der Bedeutung von Dunkel und Licht nachgespürt und den Adventskranz als Zeichen der Hoffnung kennen gelernt. Die explizite Verbindung mit der Erwartung des Gottessohnes, der als Licht in die dunkle Welt kommt, ist ihnen noch nicht bekannt. In der Erzählung vom Engel bei Maria setzen sie sich anfanghaft mit der Messiaserwartung auseinander und spüren der Freude nach, die die Botschaft des Engels für Maria bedeutet

Die Schülerinnen und Schüler...	Didaktik und Methodik	Medien
erspüren die Anspannung und die Geduld des Wartens	Ankommritual	Klangschale
hören und gestalten die biblische Botschaft an Maria **aktiv mit**	Biblische Erzählung mit Verklanglichung	Eglifigur Maria und Engel
tauschen sich über die Bedeutung der Botschaft für Maria und die Menschen damals **aus**	Unterrichtsgespräch	Lehrererzählung „Warten auf das Licht..."
formulieren den Kern der biblischen Frohbotschaft **in eigenen Worten** auf ihrem Arbeitsblatt	kreatives Schreiben	verschiedene Instrumente
		Sprechblase aus Papier
		AB „Warten auf das Licht - Maria"

Die Anspannung des Wartens erspüren

Die Schülerinnen und Schüler werden eingeladen, still an ihrem Platz sitzen zu bleiben und zu warten, bis sie den Ton der Klangschale und ihren Namen hören. Erst dann sind sie eingeladen, in den Stuhlkreis zu kommen und die Stunde mit dem Ankommritual zu beginnen.

Die biblische Botschaft hören und aktiv mitgestalten

Anknüpfend an den Beginn der Stunde können die Schülerinnen und Schüler nochmals verbalisieren, wie sie sich beim Warten auf den Klang und ihren Namen gefühlt haben, z.B. die Zeit kam mir ewig vor… ich dachte schon, ich wurde vergessen … es war so still … ich konnte es kaum aushalten…

Daran anknüpfend kann die biblische Erzählung vom Engel bei Maria folgen, die zunächst frei erzählt wird. Im zweiten Durchgang sind die Schülerinnen und Schüler eingeladen, diese Erzählung mit Instrumenten mitzugestalten.

Die Lehrererzählung „Warten auf das Licht - Der Engel bei Maria" finden Sie auf der CD-Rom

Sich über die Bedeutung der Botschaft austauschen
Im Anschluss an die Erzählung, die die Schülerinnen und Schüler beim zweiten Mal aktiv mitgestaltet haben, dürfen sie nun ihre (An-)Fragen äußern, bevor sie diese in eigenen Worten nacherzählen und deren Bedeutung herausarbeiten, z.B. durch folgende Impulse *Maria wartet wie viele andere Menschen ihres Volkes… Sie glaubt und betet zu einem anderen Gott als die römischen Besatzer … Die Botschaft von Gott hat Maria sicher bewegt und viele Fragen ausgelöst … Begründe, warum die Botschaft eine FROH-Botschaft war…*

Eine eigene Frohbotschaft formulieren
In die Mitte wird zur Eglifigur Maria auch noch eine weitere Figur in hellem Gewand gestellt und eine große Sprechblase gelegt. Die Schülerinnen und Schüler formulieren – angeregt durch die visuellen Impulse – die Frohbotschaft Gottes/ des Engels in eigenen Worten, z.B. Gott schickt seinen Sohn … Mit Jesus kommt das Licht in die Welt … Gott vergisst die Menschen nicht …

Im Anschluss daran gehen die Schülerinnen und Schüler auf ihre Plätze zurück und schreiben ihre eigene Formulierung der Frohbotschaft auf ihr Arbeitsblatt .

Material auf der CD Rom:

- Arbeitsblatt: „Warten auf das LICHT der Welt!..." und Lehrererzählung „Warten auf das..."

22. Stunde: „Der Weihnachtsbaum - mit Jesus kommt das LICHT zu uns"

Die Schülerinnen und Schüler kennen inzwischen die wichtigsten Symbole der Adventszeit und können sie durch die Verknüpfung mit der biblischen Botschaft an Maria auf Jesus hin deuten. Vor Beginn der Weihnachtsferien hören sie abschließend von der Geburt Jesu und wie diese bis heute in der Kirche und in den Familien lebendig gehalten und gefeiert wird. Dies kann sie anregen, bewusster wahrzunehmen und zu entdecken, wie und mit welcher Symbolik Christen Weihnachten feiern.

Die Schülerinnen und Schüler...	Didaktik und Methodik	Medien
assoziieren zu verschiedenen Memorykärtchen ihr Vorwissen	Spielerisches Wiederholen	Memorykärtchen
hören und erzählen in eigenen Worten von der Geburt Jesu, der als Licht in die Welt gekommen ist.	Symboldidaktische Annäherung Lehrererzählung	Weihnachtslied
entwickeln eigene Ideen, wie diese Freude symbolhaft ausgedrückt werden kann.		
drücken ihre Freude über die Geburt Jesu in einem Lied **aus**		

Vorwissen assoziieren

In der Mitte des Stuhlkreises liegen verdeckt verschiedene Memorykärtchen mit Bildern zu den letzten Stunden: Dunkle Straße – Kerze – grüne Tannenzweige – bunte Schleifen – eine rote Kerze – zwei rote Kerzen – drei rote Kerzen – vier rote Kerzen – ein Adventskranz - Maria – der Engel …

Die Schülerinnen und Schüler spielen Memory und versuchen, jeweils zwei gleiche Kärtchen aufzudecken. Wenn es ihnen gelingt, erzählen sie zu den Bildern, was ihnen aus den letzten Stunden noch einfällt.

... und weitere Memory-Kärtchen

Von der Geburt Jesu hören und erzählen
So oder ähnlich kann die Lehrkraft in freien Worten von der Geburt Jesu erzählen:

Die Lehrererzählung „Von der Geburt Jesu" finden Sie auf der CD-Rom

Im Anschluss an die Erzählung können die Schülerinnen und Schüler eigene (An-)Fragen formulieren und die Erzählung mit eigenen Worten wiederholen.

Eigene Ideen entwickeln
Die Lehrkraft führt weiter: *„In den ersten Jahren nach Jesu Geburt wurde seine Geburt noch nicht gefeiert. Erst viel später haben Menschen begonnen, diesen Tag zu feiern und verschiedene Symbole und Zeichen entwickelt, die deutlich machen, was Jesus für sie bedeutet. Wenn du nochmals in unsere Mitte schaust, hast du vielleicht auch Ideen, wie Weihnachten als Geburtstag Jesu gefeiert werden kann, welches Symbol du vielleicht noch kennst, das hier noch fehlt…"*

Schülerinnen und Schüler entwickeln eigene Ideen, z.B. …. Jesus als das Licht der Welt braucht viele Lichter – ein helles Fest muss es sein! – die Freude muss zum Ausdruck gebracht werden – ein Fest der Hoffnung, viele Zweige/ ein grüner Hoffnungsbaum – der Weihnachtsbaum …

Freude ausdrücken
Falls es an der Schule einen geschmückten Tannenbaum gibt, wäre es möglich, sich um diesen zu versammeln und die Stunde dort abzuschließen, z.B. mit einem Weihnachtslied.

Material auf der CD Rom:

- Fotos verschiedener Aspekte des Advents als Memorykärtchen und Lehrererzählung "Die Geburt Jesu"

Von der Geburt Jesu

Sequenzübersicht Lernarrangement 2 (BT, JC)

Grundlegende Kompetenz „Bibel und Tradition"[1]

Die Schülerinnen und Schüler beschreiben und schätzen die Bibel als Buch, in dem Menschen im Geist Gottes von ihrem Leben und ihren Erfahrungen mit Gott und Jesus Zeugnis geben. Sie kennen Erzählungen aus dem Alten Testament und erschließen damit eigene Erfahrungen.
(Kulturelle Bildung, Sprachliche Bildung)

Lernbereich 5. Die Heilige Schrift - biblische Glaubenserfahrungen

Ausgewählte Kompetenzerwartungen:
Die Schülerinnen und Schüler

- verstehen und schätzen die Bibel als Zeugnis des Glaubens an Gott und stellen Bezüge zu bereits bekannten Erzählungen her (V, U, G)
- nehmen das Lebensumfeld biblischer Personen wahr und unterscheiden es von heutigen Lebensverhältnissen (W,U)
- erzählen biblische Geschichten des Alten Testaments und finden in gestalterischen Formen eigene Zugänge zur Botschaft von der Nähe Gottes (K,G)
- sind sich trauriger und freudiger Ereignisse im eigenen Leben bewusst und tauschen sich darüber aus, wie die biblische Botschaft von Gott für Menschen in unterschiedlichen Lebenssituationen Hilfe, Zuspruch und Aufforderung sein kann (W,K)

Grundlegende Kompetenz „Jesus Christus"

Die Schülerinnen und Schüler stellen wichtige Stationen des Lebenswegs Jesu Christi von seiner Geburt, seiner Hinwendung zu den Menschen bis zu Tod und Auferstehung auf vielfältige Weise dar, um mit grundlegendem Wissen über das Wirken und die Bedeutung Jesu Christi eine eigene Beziehung zu ihm zu finden.

Lernbereich 6. Die Zuwendung Jesu zu den Menschen - die Botschaft vom Reich Gottes

Ausgewählte Kompetenzerwartungen
Die Schülerinnen und Schüler

- erschließen biblische Geschichten der Zuwendung Jesu zu den Menschen und bringen in unterschiedlichen Darstellungsformen zum Ausdruck, wie Menschen das Handeln Jesu erleben (V,K,U,G)
- verbinden das Handeln Jesu mit seiner Botschaft vom Reich Gottes (V,K)

---

1 Bei den Textstellen im Kästchen handelt es sich jeweils um wörtliche Zitate aus dem Lehrplan Grundschule

Begründung des inhaltlichen Vorgehens im Lernarrangement 2:

Die Schülerinnen und Schüler kennen zum Teil schon Texte aus der Bibel, die sie aber noch nicht genauer einordnen oder mit ihrem eigenen Leben in Verbindung bringen können. Sie haben bisher unterschiedliche Erfahrungen mit einer Umsetzung und dem Verständnis biblischer Texte gemacht. Es wird in diesem Lernarrangement darauf ankommen, einen ersten Zugang zum Selbstverständnis der Heiligen Schrift und den darin verborgenen Glaubenserfahrungen zu entwickeln; denn die biblischen Texte erschließen sich für Kinder nicht von selbst, sondern müssen unterrichtlich aufbereitet werden, damit die theologischen und lebensrelevanten Aspekte deutlich werden.
An exemplarischen Texten aus dem ersten und zweiten Testament sollen sie entdecken und nachvollziehen, dass sich Menschen immer wieder mit der Frage nach ihrem eigenen Leben und ihrer Beziehung zu Gott auseinandergesetzt haben. Diese Auseinandersetzung war zu unterschiedlichen Zeiten und unter verschiedenen Umständen immer wieder mit existentiellen Fragestellungen verbunden, die auch heute noch mit Bibeltexten in den Blick genommen und erschlossen werden können. Auf diese Weise vermögen die Schülerinnen und Schüler hoffnungsvolle Perspektiven für das eigene Leben und ihre Anfragen zu entwickeln. Insbesondere Geschichten, die von dem begleitenden Gott und der Zuwendung Jesu erzählen, können die Schülerinnen und Schüler der ersten Jahrgangsstufe dazu anregen, nachzuempfinden und nachzuvollziehen, was zentraler Bestandteil der biblischen Botschaft ist: Gott ist stets auf der Seite der Menschen und die Verfasser der biblischen Texte versuchen, diesem Glauben und dieser Überzeugung in ihren Geschichten Ausdruck zu geben und Zeugnis für die Bedeutung des Glaubens in allen Lebenslagen abzulegen.
Diese frohe Botschaft, die Jesus allen Menschen nahe zu bringen versucht, trifft auf Menschen, die sich von ihm begeistern lassen, aber auch auf jene, die ihn und seine Überzeugungen ablehnen. Am Ende führt sein Einsatz für die Menschen und seine Rede vom verzeihenden Gott Jesus bis ans Kreuz. Doch die Auferstehung ist Zeichen der Hoffnung und Ausdruck der Nähe Gottes nicht nur im Tod Jesu.

1. Stunde: „Komm, ich erzähl dir eine Geschichte!"
Vorbereitend und als Hinführung auf die Begegnung mit der heiligen Schrift wird eine Erzählung in Zusammenhang mit einem neuen Ritual eingeführt. Durch die Begegnung mit der Geschichte kommen die Schülerinnen und Schüler dem Wesen von Erzählungen auf die Spur: Sie haben mit dem Leben zu tun, geben Erfahrungen wieder, deuten das Leben und sind deshalb wert, weitererzählt zu werden.

2. Stunde: „Mein Lieblingsbuch"
Die Schülerinnen und Schüler kennen aus der ersten Stunde des Lernarrangements bereits eine Erzählung mit besonderem Charakter. Als Hausaufgabe haben sie ein eigenes Lieblingsbuch ausgewählt und in die Schule mitgebracht. Anhand der Vorstellung und Begründung der Auswahl des eigenen Lieblingsbuches wird ihnen deutlich, was das Wesentliche, das Besondere und Wertvolle an ihrem, aber auch an den Büchern der Mitschülerinnen und Mitschüler ist. Dies kann sie sensibilisieren im Blick auf die Wahrnehmung und Wertschätzung der noch folgenden Erzählungen innerhalb des Lernarrangements.

3. Stunde: „Die Bibel – ein Buch mit vielen Geschichten"
Anknüpfend an die vorausgegangenen Einheiten haben die Schülerinnen und Schüler inzwischen Achtung vor Geschichten und Büchern, in denen diese aufgeschrieben sind, entwickelt. Dieses Vorwissen können sie nun auf DAS Buch der Christen übertragen: Die Bibel. Indem sie diese schrittweise entdecken und eigene Vermutungen

äußern, nähern sie sich der Heiligen Schrift an, die zunächst nicht für Kinder geschrieben ist, und erschließen sich einen ersten individuellen Zugang.

4. Stunde: „In der Bibel lesen: Josef hört von Gott" (Teil 1)
Nach dem Anfangsritual hören die Schülerinnen und Schüler nun erstmals eine biblische Erzählung. Anknüpfend an die Einstiegserzählung in die Themensequenz erleben sie in einem anschaulich gestalteten Bodenbild die Situation der Familie, in der Josef aufwächst unter besonderer Berücksichtigung der Gottesbeziehung, die die Söhne von ihrem Vater Jakob vermittelt bekommen.

5. Stunde: „In der Bibel lesen: Josef erlebt: Gott geht mit mir durch Höhen und Tiefen" (Teil 2)
Aufbauend auf die letzte Stunde hören die Schülerinnen und Schüler die Weiterführung der biblischen Erzählung von Jakob und seinen Söhnen. Dabei erspüren sie die Situation Josefs, dessen Gottesbild und Vertrauen in die Familie auf die Probe gestellt wird. Das kann sie ansatzweise befähigen, sich in für sie ausweglosen Situationen an die Zusage des mitgehenden Gottes zu erinnern und sie auch für sich als Hoffnungswort anzunehmen.

6. Stunde: „ In der Bibel lesen: Josef erfährt: Auf Gott kann ich vertrauen!" (Teil 3)
In der letzten Stunde der Erzähleinheit zur Josefsgeschichte erspüren die Schülerinnen und Schüler im Rückblick auf verschiedene Stationen des Lebensweges Josefs, dass Gott ihn auf Höhen und Tiefen seines Weges begleitet hat. Dies kann sie ermutigen, in schwierigen Lebenssituationen die Hoffnung nicht aufzugeben und Zuversicht aus der Zusage Gottes als begleitenden Gott zu schöpfen.

7. Stunde: „Menschen zur Zeit Jesu fragen nach Gott"
Die Schülerinnen und Schüler kennen die biblische Vorstellung von einem mitgehenden Gott und das Psalmgebet als grundlegendes Gebet des Vertrauens auf diesen Gott. Den „Sprung" vom ersten ins zweite Testament können sie deshalb im Blick auf das Gottesbild gut nachvollziehen. Ein Einblick in die Lebensbedingungen zur Zeit Jesu kann Fragen wecken und neugierig machen für die anschließenden Stunden, in denen das palästinensische Dorf in einer Lernaufgabe im Mittelpunkt steht.

8.-13. Stunde: „Das palästinensische Dorf – eine Lernaufgabe"
Angeregt durch die Problemstellung der vorausgehenden Stunde formulieren die Schülerinnen und Schüler eigene Fragestellungen rund um die Lebensbedingungen der Menschen zur Zeit Jesu. Diese bearbeiten sie in den folgenden Stunden mit zur Verfügung gestellten Materialien möglichst eigenständig, dokumentieren und präsentieren diese im Plenum. Dieses neu erworbene Wissen können sie in den anschließenden Stunden der Sequenz immer wieder einbringen bzw. vertiefen.

14. Stunde: „Das Land Israel"
In den letzten Stunden haben die Schülerinnen und Schüler sich intensiv und in eigenständiger Arbeit mit ausgewählten Aspekten Palästinas zur Zeit Jesu beschäftigt. Die folgenden Stunden knüpfen an dieses bereits erarbeitete Vorwissen an und vertiefen es. In einer ersten Runde benennen die Schülerinnen und Schüler zunächst einmal einen Aspekt der letzten Stunden, der für sie besonders wichtig war und machen sich dann in einer Fantasiereise in Gedanken auf den Weg nach Israel, wo sie einiges über das Land und die Landwirtschaft erfahren. Sie sind eingeladen, sich mit den beiden Kindern Rebekka und Daniel zu identifizieren und von Israel als ihrem Land zu erzählen.

15. Stunde: „Israel leidet unter der Unterdrückung durch die Römer“
Die Schülerinnen und Schüler kennen bereits das Land Israel als ein südliches Land, in dem andere Früchte und Gemüsesorten wachsen und das sehr unterschiedliche Landschaften hat. In einem zweiten Zugriff erfahren sie über diese „Idylle“ hinaus einiges über die Herrschaft der Römer in Palästina zur Zeit Jesu und fassen dies in selbst formulierten Sätzen zusammen.

16. Stunde: „So leben die Menschen in Israel: Berufe“
Die Schülerinnen und Schüler wissen bereits um die Problematik der römischen Besatzungsmacht und können diese in groben Zügen charakterisieren und beschreiben. In einem weiteren Schritt sammeln sie Informationen zu verschiedenen Berufen und können auf diese Weise das Leben der Menschen zur damaligen Zeit charakterisieren. Auf dieser „Reise“ begleiten sie wieder Rebekka und Daniel, in deren Lebenssituation sie sich so schrittweise immer besser einfühlen können

17. Stunde: „Wie Jesus auf die Kinder zugeht: die Segnung der Kinder“
Die Schülerinnen und Schüler kennen bereits verschiedene Berufe und damit auch die gesellschaftliche Situation einzelner Berufsgruppen und Menschen. Mit den Identifikationsfiguren Daniel und Rebekka erleben sie die gesellschaftliche Stellung und Situation der Kinder zur Zeit Jesu nach und können diese in eigenen Worten festhalten. Dabei kann ihnen bewusst werden, wie unterschiedlich die Situation der Kinder damals und heute ist.

18. Stunde: „Wie Jesus mit den Menschen umgeht: Jesus und Levi“
Die Schülerinnen und Schüler kennen inzwischen die Situation und Position der Kinder zur Zeit Jesu. Davon ausgehend werden sie angeregt weiter zu denken, welche Menschen damals benachteiligt oder ausgestoßen waren. In der Erzählung von der Begegnung Jesu mit Levi erahnen sie die Zuwendung Gottes, die Menschen in der Begegnung mit Jesus erfahren durften.

19. Stunde: „Wie Jesus mit den Menschen umgeht: die Heilung des blinden Bartimäus“
Die Schülerinnen und Schüler kennen bereits die Erzählung von der Begegnung Jesu mit Levi. In der Weiterführung der Rahmenerzählung von Daniel und Rebekka werden sie darauf aufmerksam, dass zur damaligen Zeit Krankheit immer mit Sünde in Verbindung gebracht wurde und Jesus diesen Kausalzusammenhang in seinem Handeln und Reden durchbricht. Dies geschieht an der exemplarischen Erzählung von Jesus und Bartimäus und kann das Jesusbild der Schülerinnen und Schüler als einem, der sich den Menschen zuwendet und Hoffnung schenkt, bestärken und vertiefen.

20. Stunde: „Jesu Botschaft der Hoffnung – die Seligpreisungen"
Die Schülerinnen und Schüler haben in den letzten bibelthematischen Stunden an exemplarischen Beispielen nachempfunden, dass Jesus gerade für die Menschen da ist, die am Rande stehen und deren Leben schwer ist. In der Weiterführung seiner Botschaft vom Reich Gottes weitet sich der Blick durch die Seligpreisungen, die nicht mehr nur einzelne Menschen, sondern ganze Personengruppen ansprechen und verdeutlichen, dass Jesus diese Botschaft der Hoffnung allen Menschen bringt.

21. Stunde: „Jesus hat Freunde und Feinde“
In der letzten Stunde konnten die Schülerinnen und Schüler anhand der Seligpreisungen nachvollziehen, dass Jesus für die Menschen eine Hoffnungsbotschaft bringt. Für die Menschen in Palästina, denen es nicht so gut geht, ist dies ein Grund der Freude, den die Schülerinnen und Schüler ebenfalls gut nachvollziehen können. In der Weiterfüh

rung hören sie von der Ablehnung Jesu durch andere Menschen, die ihn als Gefahr einschätzen. Erst dadurch können sie verstehen, warum das Leben Jesu am Kreuz geendet hat.

22. Stunde: „Wir gehen mit Jesus den Weg bis zum Kreuz“
In der letzten Stunde haben die Schülerinnen und Schüler erfahren, dass Jesus nicht nur Freunde, sondern auch Feinde hat. Sie hören in der Fortführung der biblischen Erzählung, dass diese Feinde Jesus verurteilen und kreuzigen lassen. In wenigen symbolhaft erschlossenen Stationen gestalten sie den Leidensweg Jesu mit, der schließlich am Kreuz endet.

1. Stunde: „Komm, ich erzähl dir eine Geschichte!"

Vorbereitend und als Hinführung auf die Begegnung mit der heiligen Schrift wird eine Erzählung in Zusammenhang mit einem neuen Ritual eingeführt.
Durch die Begegnung mit der Geschichte kommen die Schülerinnen und Schüler dem Wesen von Erzählungen auf die Spur: Sie haben mit dem Leben zu tun, geben Erfahrungen wieder, deuten das Leben und sind deshalb wert, weitererzählt zu werden.

Die Schülerinnen und Schüler...	Didaktik und Methodik	Medien
nehmen die Erzählsituation als eine Besondere **wahr**	Erzählung in einem besonderen Stuhl/ Erzählsessel (z.B. mit Decke über dem Stuhl)	Erzählsessel
werden anfanghaft mit einem Erzählritual **vertraut**		evtl. Sitzkissen für die Kinder
		Buch
tauschen sich über ihre Eindrücke aus **und reflektieren** dabei, was für sie eine Erzählung interessant macht	Erzählritual: Klangschale anschlagen vor dem Öffnen und nach dem Schließen des Buches	Text "Nomadengeschichte"
machen sich bewusst, warum im Laufe der Menschheitsgeschichte immer weiter erzählt wurde		Klangschale
		Bildkarten mit Symbolen
		AB „Komm, ich erzähl..."

Die Erzählsituation wahrnehmen
Die Schülerinnen und Schüler versammeln sich im Sitzkreis um einen besonderen Sessel/ Erzählsessel. Dieser wird ihnen vorgestellt und erklärt: *Schon immer haben sich Menschen Geschichten erzählt. Im Erzählen denken wir Menschen über unsere Welt nach, tauschen unsere Ideen aus und versuchen, einen Sinn in allem zu verstehen. In den vergangenen Kulturen und Familien, die vor langer Zeit gelebt haben, hatte das Erzählen noch seinen Platz. Niemand wurde abgelenkt durch Fernseher, PC oder Computerspiele. Am Abend – wenn alle Arbeiten erledigt waren – versammelten sich alle Familienmitglieder und jemand begann zu erzählen – Geschichten vom Leben. Ich möchte euch in den kommenden Stunden auch Geschichten vom Leben erzählen. Dazu versammeln wir uns immer um den Erzählstuhl…*

Mit dem Erzählritual vertraut werden

In jeder folgenden Stunde, in der die Schülerinnen und Schüler in den Erzählkreis gerufen werden, sollte nun ein immer gleiches Ritual eingeführt werden, z.B. könnten die Schülerinnen und Schüler, die ruhig und mit geschlossenen Augen noch auf ihrem Platz sitzen, leicht und leise angetippt werden als Aufforderung, sich das Sitzkissen zu holen und um den Erzählstuhl zu versammeln. Wenn jeweils das angetippte Kind das nächste Kind in den Kreis einlädt, kann die Lehrkraft sich bereits in den Erzählstuhl setzen und sich – und später die Schülerinnen und Schüler - auf die Erzählung einstimmen: *Geschichten sind etwas Kostbares! Setz dich so hin, dass du eine ganze Weile gut sitzen kannst und versuche, ganz still zu werden. Wenn du die Klangschale hörst, beginnt die Erzählung. Am Ende der Erzählung werdeich wieder die Klangschale anschlagen und wir warten gemeinsam ab, bis der Ton verklungen ist. Danach kannst du dich ein wenig recken und strecken…*

DAS HÖREN VON GESCHICHTEN UND DEREN WIRKUNG

Nach Möglichkeit sollte die folgende Geschichte an einem Stück vorgetragen werden. Dies stellt sicherlich eine Herausforderung sowohl für die Lehrkraft als auch für die Schülerinnen und Schüler dar. Alternativ kann die Erzählung auch in zwei oder drei Teilen über die folgenden Unterrichtsstunden eingebracht werden. Wenn es die Rahmenbedingungen und die Gruppenkonstellation ermöglichen, wäre es jedoch ein Gewinn, die Geschichte als Ganzes vorzulesen oder zu erzählen, damit die Schülerinnen und Schüler die Erfahrung machen können, wie Bilder in ihnen aufsteigen, Gefühle sich entwickeln und eigene Erinnerungen damit verbunden werden. Eine Einstimmung durch die Lehrkraft kann dazu beitragen, dass die Schülerinnen und Schüler sich auf eine längere Geschichte einlassen und dabei Erfahrungen machen, die in den folgenden Jahren insbesondere auch für biblische Geschichten von großem Wert sind. Innere Bilder, die in ihnen aufsteigen, haben einen Mehrwert gegenüber allen Begriffen und allem Verstehen und tragen insofern dazu bei, dass Kompetenzen aufgebaut und entwickelt werden (Wahrnehmungskompetenz: z.B. Hörgeduld/ Imaginationsfähigkeit; Emotionale Kompetenz: z.B. Frustrationstoleranz u.a.m.). Es kann den Schülerinnen und Schülern deutlich werden, dass gute Geschichten, auch wenn sie aus einer ganz anderen Lebenswirklichkeit kommen, mit ihnen und ihrem Leben zu tun haben und dass die Bilder, die beim Zuhören in ihnen aufkommen, den zentralen Motiven der Geschichte Nachdruck verleihen.

Die „Nomadengeschichte" finden Sie auf der CD-Rom

Die Lehrkraft schlägt zum Abschluss der Erzählung nochmals die Klangschale an und wartet, bis der Ton verklungen ist.

BIBLISCHE ERZÄHLUNGEN IN DER GRUNDSCHULE

Für die Umsetzung der Geschichte vom alten Nomaden ist es wichtig, diese grundsätzlich wie eine Lehrererzählung zu biblischen Geschichten zu behandeln. Dazu gehört zum Einen, dass es von Vorteil ist, die Geschichte wirklich zu erzählen und nicht einfach abzulesen und zum Anderen, dass der Gehalt der Geschichte, also das, was mit den Vorstellungen, Begriffen und Überlegungen der Geschichte gemeint ist, wichtiger erscheint als ihr genauer Ablauf. Deshalb steht im Nachklang zur Erzählung biblischer Geschichten nicht so sehr die Vollständigkeit in einem wiederholenden Sinn im Vordergrund als vielmehr ein Verständnis für die Frage danach, warum die Geschichte erzählt wurde, was an ihr deutlich werden soll oder wie die Akteure sich selbst und die Welt verstehen.

Sich untereinander austauschen und reflektieren

Die Schülerinnen und Schüler klären zunächst Verständnisfragen zur Erzählung. Anschließend erzählen sie in eigenen Worten nach, was sie sich von der Geschichte gemerkt haben. Durch entsprechende Nachfragen der Lehrkraft – evtl. unterstützt durch Symbolkarten (Lagerfeuer - Blüte - Herz - Zicklein) kommen sie der Faszination der Erzählung auf die Spur und äußern, was für sie persönlich besonders schön war, z.B. das gute Ende, die Bilder der Natur, der Zusammenhalt in der Familie….

Sich der Bedeutung einer Geschichte bewusst werden

Die Lehrkraft lädt die Schülerinnen und Schüler abschließend nochmals ein, sich bewusst zu machen, warum Geschichten (weiter) erzählen so wichtig ist. Dabei kann an die Einführung der Erzählung am Anfang der Stunde angeknüpft werden. Die Zusammenfassung der Diskussion wird am AB fixiert, auf das sie in einem Zierrahmen ein Bild zur Erzählung malen.

Hausaufgabe:

Die Schülerinnen und Schüler sind eingeladen, zur nächsten Stunde ihr Lieblingsbuch mitzubringen und es mit ein paar Sätzen/ Bildern vorzustellen!

Material auf der CD Rom:

- Bildkarten: Symbole zur Geschichtendeutung

- Arbeitsblatt: „Komm, Ich erzähl dir...!“ und Lehrererzählung "Nomadengeschichte"

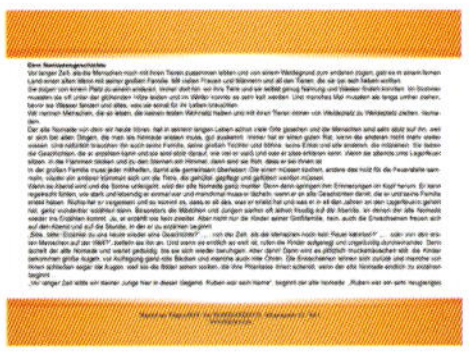

2. Stunde: „Mein Lieblingsbuch"

Die Schülerinnen und Schüler kennen aus der ersten Stunde des Lernarrangements bereits eine Erzählung mit besonderem Charakter. Als Hausaufgabe haben sie ein eigenes Lieblingsbuch ausgewählt und in die Schule mitgebracht. Anhand der Vorstellung und Begründung der Auswahl des eigenen Lieblingsbuches wird ihnen deutlich, was das Wesentliche, das Besondere und Wertvolle an ihrem, aber auch an den Büchern der Mitschülerinnen und Mitschüler ist. Dies kann sie sensibilisieren im Blick auf die Wahrnehmung und Wertschätzung der noch folgenden Erzählungen innerhalb des Lernarrangements

Die Schülerinnen und Schüler...	Didaktik und Methodik	Medien
nehmen die Situation durch die äußere Gestaltung als Besondere **wahr**	Erzählrunde im Kreis	Erzählsessel
	Klangschalenton	große Schatzkiste
präsentieren ihr Lieblingsbuch mit einer kurzen Zusammenfassung	Präsentation und Zuordnung der Symbolkarten	Klangschale
charakterisieren ihr ausgewähltes Buch durch eine ihnen wichtige Besonderheit		Symbolkarten zur Charakteristik
erspüren die "Schätze", die Bücher beinhalten können		AB „Mein Lieblingsbuch"

Vorbereitung:
Die mitgebrachten Lieblingsbücher werden in eine große Schatzkiste, die sich in der Mitte des Stuhlkreises befindet, gelegt.

Die Erzählsituation wahrnehmen

Die Schülerinnen und Schüler versammeln sich im Stuhlkreis um den aus der letzten Stunde bereits eingeführten Erzählstuhl. Angeregt durch das Symbol eines Geschichtenbuches rekapitulieren sie die letzte Stunde, d.h. sie wiederholen die Bedeutung von Geschichten als Texten, die vom Leben erzählen und über lange Zeiträume bedeutsam und wichtig sind. Durch die verschiedenen Symbolkarten erinnern sie auch die unterschiedliche Charakterisierung von Erzählungen: Sie können spannend (Symbol Lagerfeuer), anrührend (Symbol Herz) sein, von Freundschaft erzählen (Symbol Tier)...

Das eigene Lieblingsbuch präsentieren

Im Anschluss an die erste Erzählrunde werden die Schülerinnen und Schüler eingeladen, nacheinander ihre Bücher aus der Schatzkiste zu holen und sie den anderen vorzustellen. Dabei fassen sie möglichst knapp den Inhalt des Buches zusammen.

Das Lieblingsbuch charakterisieren
Nachdem sie ihr Lieblingsbuch vorgestellt haben, wählen sie eine Symbolkarte aus, mit der sie die Auswahl des Buches begründen, z.B. „Mein Buch gefällt mir besonders gut, weil es so spannend ist!“ Wenn sie ihr Lieblingsbuch bei der entsprechenden Symbolkarte ablegen, zeigt sich, welche Art von Büchern die Religionsgruppe präferiert.

Schätze erspüren
Indem die Schülerinnen und Schüler abschließend nochmals ihren Blick über die Vielfalt der Bücher schweifen lassen, kann ihnen die Bedeutung von Geschichten für unser menschliches Leben deutlich werden. Bewusst wird nochmals auf die Schatzkiste eingegangen, in der die Bücher – echte Schätze! - gesammelt wurden.

Material AUF CD-ROM

Material auf der CD Rom:

- Arbeitsblatt: „Mein Lieblingsbuch“

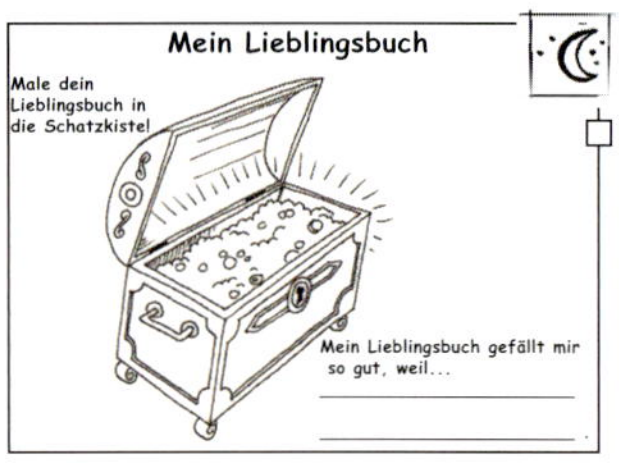

3. Stunde: „Die Bibel - ein Buch mit vielen Geschichten"

Anknüpfend an die vorausgegangen Einheiten haben die Schülerinnen und Schüler inzwischen Achtung vor Geschichten und Büchern, in denen diese aufgeschrieben sind, entwickelt. Dieses Vorwissen können sie nun auf DAS Buch der Christen übertragen: Die Bibel. Indem sie diese schrittweise entdecken und eigene Vermutungen äußern, nähern sie sich der Heiligen Schrift an, die zunächst nicht für Kinder geschrieben ist, und erschließen sich einen ersten individuellen Zugang

Die Schülerinnen und Schüler...	Didaktik und Methodik	Medien
ent-decken schrittweise die Bibel als wertvolles Buch **erahnen** die Besonderheit der Bibel **sammeln und verbalisieren** eigene Gedanken und Vorstellungen zur Bibel **werden aufmerksam** auf Geschichten von Menschen, die in der Bibel aufgeschrieben wurden	Unterrichtsgespräch im Stuhlkreis	große Schatzkiste wertvolle Schmuckausgabe der Bibel, eingewickelt in ein Tuch Wortkarten Bilder zu biblischen Erzählungen AB „Die Bibel..."

Die Bibel als wertvolles Buch ent-decken

Die Schülerinnen und Schüler versammeln sich wieder im Stuhlkreis, in dessen Mitte nochmals die große Schatzkiste steht. Anknüpfend an die letzte Stunde erzählen sie von ihren „Schätzen", ihren eigenen Lieblingsbüchern. Abschließend öffnen sie die Schatzkiste und holen ein weiteres Buch heraus, das allerdings noch verhüllt ist. Nacheinander öffnet jeweils eine Schülerin oder ein Schüler einen Teil des eingeschlagenen Tuches, so dass alle das schrittweise Ent-decken mitvollziehen können. Jeweils ein weiteres Kind, das angeblinzelt wurde, ent-deckt weiter – so lange bis das Buch ausgepackt ist.

Die Besonderheit erahnen

Die Schülerinnen und Schüler betrachten die nun in der Mitte liegende Schmuckausgabe der Bibel. Sie verbalisieren ihre Assoziationen: Was sagt das über ein Buch, wenn es so reichhaltig und kostbar verziert ist? Was würde der Besitzer von diesem Buch erzählen? Was ist das für ein Buch und wer kennt es schon?

(Alternative Inszenierung:
Statt der Schmuckausgabe kann auch eine einfache Version der Bibel verwendet werden. Die Interpretation müsste dann aber anders sein, z.B. *Das Buch war kostbar verpackt, ist aber ganz einfach. Wieso habe ich diese Bibel so aufwändig präsentiert? Geht es um das Papier des Buches an sich? – Nein, die Geschichten und die Bilder, die in der Bibel lebendig werden, sind das Kostbare…*

Vorwissen sammeln und äußern

In der anschließenden Phase des Unterrichtsgespräches sammeln und äußern die Schülerinnen und Schüler ihr Vorwissen, aber auch Fragen rund um die Bibel, z.B.
… wie alt dieses Buch/ diese Bibelausgabe ist
… wie alt die Geschichten in der Bibel sind
… ob es die Bibel nur auf deutsch gibt
… wie viele Geschichten in der Bibel gesammelt sind
… die Besonderheit der Bibel – welche Bilder du im Kopf hast, wenn du an die Bibelgeschichten denkst
…

Die Fragen/ Informationen/ Ideen können dazu auf Bild- und Wortkarten festgehalten und in der Mitte abgelegt werden.

Aufmerksam werden auf Geschichten von Menschen

Abschließend erfahren die Schülerinnen und Schüler anhand exemplarischer Themen, dass die Bibel Geschichten von Menschen und Gott erzählt, z.B.:
Wir haben schon ganz viel gesammelt von dem, was ihr bereits über die Bibel wisst oder welche biblischen Geschichten ihr kennt. Die Bibel ist ein altes Buch, das vielen Menschen kostbar ist. Es ist aber nicht der Wert der Seiten, die es so kostbar macht, es sind die Erzählungen, die darin aufgeschrieben sind. Sie erzählen vom Leben – vom Leben der Menschen damals, aber auch von heute! Sie erzählen von der Freude über die Geburt eines Kindes, aber auch von der Trauer, weil ein Mensch gestorben ist. Sie loben Gott für die wunderbare Schöpfung und klagen Gott das Leid über die große Not, die sie erleben. Auch wenn die Geschichten schon vor langer Zeit aufgeschrieben wurden, erfahren wir Menschen von heute ähnliches: Wir erleben Schönes und Schlimmes, wir deuten unsere Welt und fragen nach Gott, wir erfahren, dass Gott bei uns ist und uns begleitet, aber auch, dass er manchmal ganz weit weg ist und wir ihn nicht spüren können. Alle diese Erfahrungen der Menschen mit Gott machen die Bibel so kostbar und wertvoll.

Die Schülerinnen und Schüler erhalten dann das Arbeitsblatt zur Stunde und füllen gemeinsam den Lückentext aus: In der Bibel sind wertvolle Erfahrungen aufgeschrieben, die Menschen vor langer Zeit mit Gott gemacht haben. Das macht die Bibel so wertvoll!

Ausblick:
Als Hausaufgabe und zur Vorbereitung auf die nächste Stunde kann die Lehrkraft dazu einladen, die eigene Kinderbibel mitzubringen.
Vielleicht hast du ja auch schon eine eigene Bibel, eine Kinderbibel zuhause. Wenn du willst und sie dir nicht zu schwer ist, darfst du sie in der nächsten Stunde gerne mitbringen.

Material AUF CD-ROM

Material auf der CD Rom:

- Arbeitsblatt: „ Die Bibel – ein Buch mit vielen Geschichten“

4. Stunde: „In der Bibel lesen: Josef hört von Gott" (Teil 1)

Nach dem Anfangsritual hören die Schülerinnen und Schüler nun erstmals eine biblische Erzählung. Anknüpfend an die Einstiegserzählung in die Themensequenz erleben sie in einem anschaulich gestalteten Bodenbild die Situation der Familie, in der Josef aufwächst unter besonderer Berücksichtigung der Gottesbeziehung, die die Söhne von ihrem Vater Jakob vermittelt bekommen.

Die Schülerinnen und Schüler...	Didaktik und Methodik	Medien
vergegenwärtigen den Wert der Texte für Menschen, die die Heilige Schrift immer wieder lesen und ihre Geschichten weitererzählen **erfahren** Grundlegendes von Jakob und seinen Söhnen im Blick auf das Gottesbild eines begleitenden Gottes **machen sich bewusst,** dass der Psalm 23 für Menschen damals wie heute die Hoffnung auf Gottes Nähe ausdrückt und deshalb für Menschen damals und heute wertvoll ist	Unterrichtsgespräch im Sitzkreis Lehrerzählung Josefsgeschichte (Teil1)	Schatzkiste (Kinder)Bibel Lehrererzählung „Die Josefsgeschichte - Teil 1" Klangschale evtl. Materialien zur Gestaltung des Bodenbildes: Tücher und (Egli-)Figuren oder Bilder, Ps 23 AB „Psalm 23" und „Ausschneidebögen Psalm 23"

Die Bedeutung biblischer Texte vergegenwärtigen
Die Schülerinnen und Schüler versammeln sich nach dem eingeführten Ritual im Sitzkreis um den Erzählsessel. Aus der Schatzkiste in der Mitte wird die Bibel geholt und nochmals rekapituliert, was die Schülerinnen und Schüler bereits rund um die Bibel wissen. Im Unterrichtsgespräch wird deutlich, wie Christen heute die Bibel lebendig halten:

im Lesen in der Bibel, im Vorlesen aus der Bibel im Gottesdienst und in WortGottesFeiern. Die Lehrkraft kann das Unterrichtsgespräch zusammenfassen, *z.B.: Immer wieder hören wir Geschichten aus der Bibel, unserer Heiligen Schrift. Dabei können wir immer wieder neu erfahren, was uns Mut macht, wie Menschen Gottes Begleitung und Hilfe in ihrem Leben entdecken, was Menschen damals wie heute gebetet und gesungen haben und was sie getröstet hat. Wir lesen darin oder erzählen die Geschichten von Gott und den Menschen. So eine Geschichte werden wir auch in den nächsten Stunden hören: die Josefsgeschichte. Sie wurde vor langer Zeit aufgeschrieben und steht im ersten Teil der Bibel…*

Von Jakob und seinen Söhnen erfahren
So oder ähnlich kann die Lehrkraft weiterführen:

Dieses Material findet sich auf der CD-Rom

Die Lehrererzählung „Josefsgeschichte - Teil 1" finden Sie auf der CD-Rom

Die Lehrkraft schlägt die Klangschale an und wartet, bis der Ton verklungen ist.

Im folgenden Schritt sollen die Schülerinnen und Schüler zunächst einmal die Möglichkeit haben, nachzufragen, falls durch die Erzählung Fragen aufgetaucht sind. Anschließend erzählen sie in eigenen Worten nach, was ihnen in der Geschichte wichtig ist. Hilfreich kann es dabei sein, gemeinsam ein Bodenbild zu gestalten: Das Land Kanaan, Zelte und das Lagerfeuer, Jakob und seine Söhne, Schafe und Ziegen, das Psalmwort …

Bewusstmachen der Hoffnung, die der Psalm 23 ausdrückt
Angeregt durch die Erzählung von Jakob und seinen Söhnen wiederholen die Schülerinnen und Schüler einzelne Verse aus dem Psalm 23. Das gemeinsame Beten oder Singen des Psalmverses: „Du Herr, bist mein Hirte… Ich fürchte kein Unheil, denn du bist bei mir.“ schließt die Einheit ab.

Material auf der CD Rom:

- Lehrererzählung "Josefsgeschichte - Teil 1" und Bilder zur Josefsgeschichte

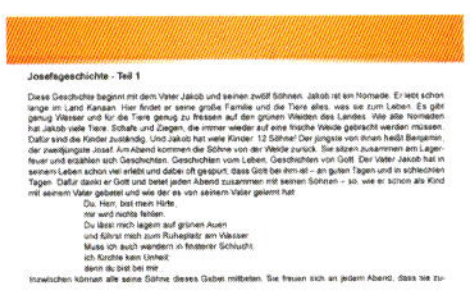
Josefsgeschichte - Teil 1

Diese Geschichte beginnt mit dem Vater Jakob und seinen zwölf Söhnen. Jakob ist ein Nomade. Er lebt schon lange im Land Kanaan. Hier findet er seine große Familie und die Tiere alles, was sie zum Leben. Es gibt genug Wasser und für die Tiere genug zu fressen auf den grünen Weiden des Landes. Wie alle Nomaden hat Jakob viele Tiere: Schafe und Ziegen, die immer wieder auf eine frische Weide gebracht werden müssen. Dafür sind die Kinder zuständig. Und Jakob hat viele Kinder: 12 Söhne! Der jüngste von ihnen heißt Benjamin, der zweitjüngste Josef. Am Abend kommen die Söhne von der Weide zurück. Sie sitzen zusammen am Lagerfeuer und erzählen sich Geschichten. Geschichten vom Leben, Geschichten von Gott. Der Vater Jakob hat in seinem Leben schon viel erlebt und dabei oft gespürt, dass Gott bei ihm ist – an guten Tagen und in schlechten Tagen. Dafür dankt er Gott und betet jeden Abend zusammen mit seinen Söhnen – so, wie er schon als Kind mit seinem Vater gebetet und wie der es von seinem Vater gelernt hat:

Du, Herr, bist mein Hirte,
mir wird nichts fehlen.
Du lässt mich lagern auf grünen Auen
und führst mich zum Ruheplatz am Wasser.
Muss ich auch wandern in finsterer Schlucht,
ich fürchte kein Unheil;
denn du bist bei mir.

Inzwischen können alle seine Söhne dieses Gebet mitbeten. Sie freuen sich an jedem Abend, dass sie zu-

- Arbeitsblatt PSALM 23, Ausschneidebögen dazu und Liedvers "Du, Herr, bist mein Hirte"

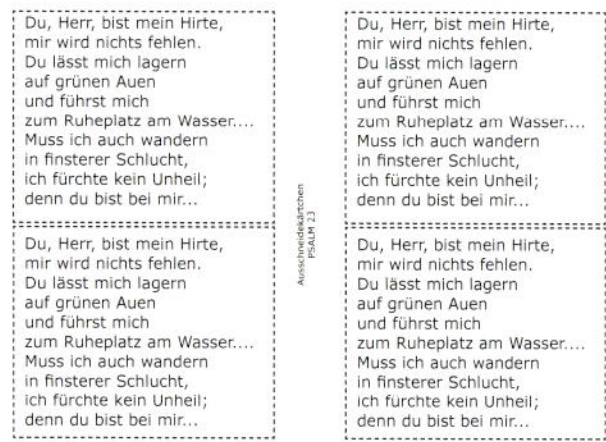
Du, Herr, bist mein Hirte,
mir wird nichts fehlen.
Du lässt mich lagern
auf grünen Auen
und führst mich
zum Ruheplatz am Wasser....
Muss ich auch wandern
in finsterer Schlucht,
ich fürchte kein Unheil;
denn du bist bei mir...

Du, Herr, bist mein Hirte,
mir wird nichts fehlen.
Du lässt mich lagern
auf grünen Auen
und führst mich
zum Ruheplatz am Wasser....
Muss ich auch wandern
in finsterer Schlucht,
ich fürchte kein Unheil;
denn du bist bei mir...

Du, Herr, bist mein Hirte,
mir wird nichts fehlen.
Du lässt mich lagern
auf grünen Auen
und führst mich
zum Ruheplatz am Wasser....
Muss ich auch wandern
in finsterer Schlucht,
ich fürchte kein Unheil;
denn du bist bei mir...

Du, Herr, bist mein Hirte,
mir wird nichts fehlen.
Du lässt mich lagern
auf grünen Auen
und führst mich
zum Ruheplatz am Wasser....
Muss ich auch wandern
in finsterer Schlucht,
ich fürchte kein Unheil;
denn du bist bei mir...

5. Stunde: „In der Bibel lesen - Josef erlebt: Gott geht mit durch Höhen und Tiefen" (Teil 2)

Aufbauend auf die letzte Stunde hören die Schülerinnen und Schüler die Weiterführung der biblischen Erzählung von Jakob und seinen Söhnen. Dabei erspüren sie die Situation Josefs, dessen Gottesbild und Vertrauen in die Familie auf die Probe gestellt wird. Das kann sie ansatzweise befähigen, sich in für sie ausweglosen Situationen an die Zusage des mitgehenden Gottes zu erinnern und sie auch für sich als Hoffnungswort anzunehmen.

Die Schülerinnen und Schüler...	Didaktik und Methodik	Medien
vergegenwärtigen sich das Gottesbild des begleitenden Gottes, das das (Zusammen)Leben von Jakob und seiner Familie entscheidend prägt **erfahren,** wie das Gottesbild und die Zuversicht auf einen begleitenden Gott Josef auch in schwerer Zeit trägt **übertragen einzelner Bilder des Psalms 23** auf ausgewählte Stationen der Josefserzählung	Lehrererzählung (Teil 2)	Schatzkiste Bibel Klangschale Lehrererzählung „Josefsgeschichte - Teil 2" Bilder zur Josefserzählung Bilder zur Gestaltung eines Leporellos Wortkarten/ Sprechblasen mit Psalmversen Liedvers: „Du bist bei mir"

Sich das Gottesbild des begleitenden Gottes vergegenwärtigen

Die Schülerinnen und Schüler versammeln sich nach dem eingeführten Ritual wieder im Sitzkreis um den Erzählsessel. Aus der Schatzkiste in der Mitte wird die Bibel geholt und nochmals rekapituliert, was die Schülerinnen und Schüler bereits von Jakob und seinen Söhnen wissen. Im Unterrichtsgespräch können dabei die einzelnen Bilder der letzten Stunde gezeigt werden. Das letzte Bild zum Hirten und Psalm kann deutlich machen, was das Leben der Großfamilie trägt und hält: Der Glaube an einen Gott, der wie ein guter Hirte mit den Menschen mitgeht und sie beschützt – auf allen Wegen des Lebens.

Anmerkung:

In der folgenden Lehrererzählung werden an verschiedenen Stellen Möglichkeiten angeboten, die Schülerinnen und Schüler in die Geschichte mit einzubeziehen. Dies kann z.B. eine Empathieübung sein, perspektivisches Sprechen, Antizipation ... Dabei sind ein oder zwei Impulse auszuwählen.

Erfahren, wie das Gottesbild trägt

Die Lehrkraft schlägt die Klangschale an und wartet, bis der Ton verklungen ist.

Die Geschichte von Josef, seinem Vater Jakob und seinen Brüdern geht noch weiter...

Die Josefs-Figur wird den Schülerinnen und Schülern vorgestellt. Sie rekapitulieren die Erzählung aus der letzten Unterrichtsstunde.

Die Lehrererzählung „Josefsgeschichte - Teil 2" finden Sie auf der CD-Rom

Die Lehrkraft schlägt die Klangschale an und wartet, bis der Ton verklungen ist.

Auch nach diesem Erzählabschnitt sollen die Schülerinnen und Schüler zunächst einmal die Möglichkeit haben, Verständnisfragen zu klären. Anschließend erzählen sie in eigenen Worten nach, was ihnen an der Geschichte besonders wichtig ist und was sie sich gemerkt haben. Hilfreich können hierbei weitere Bilder sein, die die Erzählung nochmals vergegenwärtigen, z.B. Josef und seine Träume, Josef im Brunnen, Ägypten, Josef in Ägypten ...

Übertragen der Bilder des Psalms 23 auf ausgewählte Stationen der Josefserzählung

Die Lehrkraft knüpft im weiterführenden Gespräch an den ersten Teil der Josefserzählung an: *Was Josef erlebt hat, war nicht immer schön und leicht für ihn. Aber er ist sich ganz sicher, dass Gott ihn begleitet auf allen seinen Wegen. Diese Zuversicht nimmt er aus dem Gebet, das der Vater die Söhne gelehrt hat..."*

Die Schülerinnen und Schüler wiederholen einzelne Sätze aus Psalm 23 und ordnen die als Sprechblasen vorbereiteten Psalmverse den verschiedenen Abschnitten der Erzählung / bzw. den Bildern zu.

Den Liedvers „Du bist bei mir" finden Sie auf der CD-Rom

Material auf der CD Rom:

- Erzählvorlage „Die Josefsgeschichte - Teil 2", Bilder zur Erzählung von Josef

- Konturenbilder zur Erzählung zum Gestalten eines Leporellos
- Liedvers: "Du bist bei mir"
- Leere Sprechblase als Bildvorlage

6. Stunde: „In der Bibel lesen: Josef erfährt: Auf Gott kann ich vertrauen!" (Teil 3)

In der letzten Stunde der Erzähleinheit zur Josefsgeschichte erspüren die Schülerinnen und Schüler im Rückblick auf verschiedene Stationen des Lebensweges Josefs, dass Gott ihn auf Höhen und Tiefen seines Weges begleitet hat. Dies kann sie ermutigen, in schwierigen Lebenssituationen die Hoffnung nicht aufzugeben und Zuversicht aus der Zusage Gottes als begleitenden Gott zu schöpfen

Die Schülerinnen und Schüler...	Didaktik und Methodik	Medien
		Schatzkiste
vergegenwärtigen sich das Gottesbild des begleitenden Gottes, das Josef Mut und Zuversicht gibt	Lehrererzählung (Teil 3)	Bibel Klangschale
entdecken, wie Josef sich von Gott auf seinem Lebensweg begleitet fühlt		Lehrererzählung „Josefsgeschichte - Teil 3"
partizipieren an der Freude Josefs und seiner Familie über das Wiedersehen und **drücken** diese **kreativ aus**		Bilder zur Josefserzählung
werden aufmerksam auf Geschichten von Menschen, die in der Bibel festgehalten wurden		Wortkarten/ Sprechblasen mit Psalmworten Liedvers: „Du bist bei mir"

Sich das Gottesbild vergegenwärtigen
Die Schülerinnen und Schüler versammeln sich nach dem eingeführten Ritual wieder im Sitzkreis um den Erzählsessel. Aus der Schatzkiste in der Mitte wird die Bibel geholt und nacherzählt, was die Schülerinnen und Schüler aus der Josefsgeschichte wissen. Im Unterrichtsgespräch können dabei die einzelnen Bilder der letzten Stunden gezeigt werden. Die den Bildern zugeordneten Psalmworte verdeutlichen, dass der Glaube an einen mitgehenden Gott Josef auch in schweren Zeiten Kraft gibt.

Gottes Begleitung im Leben entdecken
Die Lehrkraft schlägt die Klangschale an und wartet, bis der Ton verklungen ist.

Die Geschichte von Josef geht noch weiter…

Die Lehrererzählung „Josefsgeschichte - Teil 3" finden Sie auf der CD-Rom

Die Lehrkraft schlägt die Klangschale an und wartet, bis der Ton verklungen ist.

Am Ende der Josefserzählung können die Schülerinnen und Schüler zunächst nachfragen, wo sie Verständnisfragen zu klären haben. Anschließend erzählen sie in eigenen Worten nach, was ihnen in der Geschichte wichtig geworden ist. Hilfreich können hierbei ergänzende Bilder zum letzten Teil der Erzählung sein, z.B. Josef im Gefängnis, die Träume des Pharao, die Kornspeicher, Josef und seine Familie

An der Freude partizipieren
Im Erzählkreis werden alle Bilder weggelegt bis auf das Schlussbild der Versöhnung. Eine Sprechblase lädt die Schülerinnen und Schüler ein, die einzelnen Personen sprechen zu lassen. Im Anschluss an das Verbalisieren der Gefühle überlegen sie, wie die Familie Jakobs feiern könnte, dass Gott sie nicht verlassen hat, dass er ein Gott ist, der mitgeht. Dazu kann z.B. ein Lied ausgewählt werden, ein Tanz überlegt, ein eigener Psalm geschrieben werden oder ein Elfchen, ein kleines Fest inszeniert werden.

Material auf der CD Rom:

- Lehrererzählung „Josefsgeschichte - Teil 3" und Bilder zur Erzählung von Josef

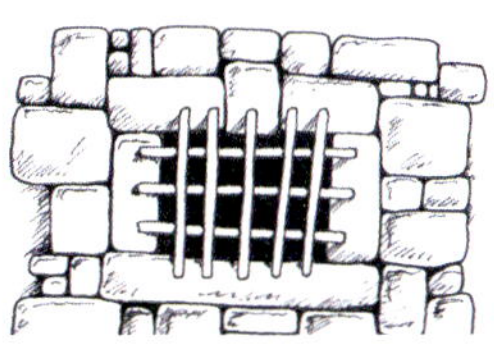

- Konturenbilder zur Erzählung zum Gestalten eines Leporellos

7. Stunde: „Menschen zur Zeit Jesu fragen nach Gott"

Die Schülerinnen und Schüler kennen die biblische Vorstellung von einem mitgehenden Gott und das Psalmgebet als grundlegendes Gebet des Vertrauens auf diesen Gott. Den "Sprung" vom ersten ins zweite Testament können sie deshalb im Blick auf das Gottesbild gut nachvollziehen. Ein Einblick in die Lebensbedingungen zur Zeit Jesu kann Fragen wecken und neugierig machen für die anschließenden Stunden, in denen das palästinensische Dorf in einer Lernaufgabe im Mittelpunkt steht.

Die Schülerinnen und Schüler...	Didaktik und Methodik	Medien
bringen im Beten des Psalm 23 (eigenes) Vertrauen auf die Begleitung Gottes zum Ausdruck	gemeinsames Beten Unterrichtsgespräch	Psalm 23 als Gebetsvorlage Zeitleiste
tauschen sich darüber **aus,** welche Menschen in unterschiedlichen Zeiten diesen Psalm gebetet haben	Lehrerzählung aus der Perspektive verschiedener Menschen/ Personengruppen, Perspektivenwechsel	Nomadenbilder Bild Jesus
erfahren von den Menschen zur Zeit Jesu und deren Fragen, Sorgen und Nöte	bibliodramatische Übung	Bild Römischer Soldat verschiedene Egli-Figuren
fühlen sich empathisch in ausgewählte Personen und deren Situation **ein und geben** deren Gedanken und Gefühlen **Ausdruck**		Lehrererzählung „Menschen zur Zeit Jesu" Gedankenblasen AB „Menschen zur Zeit Jesu fragen nach Gott"

Vertrauen zum Ausdruck bringen

Die Schülerinnen und Schüler versammeln sich im Stuhlkreis und beginnen die Stunde mit dem gemeinsamen Beten des Psalm 23 – im anschließenden Unterrichtsgespräch verbalisieren sie ihre Erinnerungen an Josef, seine Brüder, die Bedeutung des Psalmgebetes für die Familie von Jakob und ganz besonders auch für Josef. Gemeinsam wird überlegt, wie es nach Josef weiterging. Dabei wird betont, dass es immer wieder Menschen gegeben hat, die in frohen und traurigen Situationen – wie Josef – diesen Psalm gebetet haben...

Sich austauschen

In die Mitte des Kreises wird eine Zeitleiste gelegt mit den Zeitangaben und Bildern: 2000 vor Christus (Nomadenbild, Bilder aus dem Josefszyklus), 0 (Jesusbild und römischer Soldat), 2000 nach Christus (aktuelles Bild). Auf einem Plakat wird der Text des Psalms 23 dazu gelegt und vermutet: Welche Menschen haben in diesen tausenden von Jahren den Psalm 23 gebetet – viele Nomadenfamilien so wie Jakob und seine Söhne, sicher auch deren Familien und Kinder… wir heute …. dazwischen Menschen, die um das Jahr 0 gelebt haben … Menschen zur Zeit Jesu … Jesus selbst?! Die Ideen der Schülerinnen und Schüler werden dabei in Wolken festgehalten…

Von Menschen zur Zeit Jesu erfahren
Die Lehrkraft kann so oder ähnlich weiterführen: Ich möchte euch ein wenig erzählen von der Zeit, in der Jesus gelebt hat. Damit ihr euch das vorstellen könnt, habe ich euch Figuren mitgebracht, die aussehen wie die Menschen von damals.
Egli- Figuren, z.B. Bauer – Frau – Kind – jüdischer Rabbi - römischer Soldat werden in die Mitte gestellt und erzählen von ihrer Situation in Palästina zur Zeit Jesu, z.B.

Dieses Material findet sich auf der CD-Rom

Die Lehrererzählung „Menschen zur Zeit Jesu" finden Sie auf der CD-Rom

Gedanken zum Ausdruck bringen
Im Anschluss an die Erzählung nehmen die Schülerinnen und Schüler eine Figur ihrer Wahl in die Hand und lassen sie mit eigenen Worten (nach)erzählen… „Ich erlebe … ich frage mich … ich wünsche mir…“
Abschließend gestalten die Schülerinnen und Schüler ein AB mit der von ihnen ausgewählten Person und lassen sie in einer Sprechblase kurz von ihrer Situation erzählen.

Material auf der CD Rom:

- Lehrererzählung „Menschen zur Zeit Jesu" und Arbeitsblatt dazu

- Bild Jesus, Bild Römischer Soldat und Vorlage „Wolke"

8.-13. Stunde: „Das palästinensische Dorf - eine Lernaufgabe"

Angeregt durch die Problemstellung der vorausgegangenen Stunde formulieren die Schülerinnen und Schüler eigene Fragestellungen rund um die Lebensbedingungen der Menschen zur Zeit Jesu. Diese bearbeiten sie in den folgenden Stunden mit zur Verfügung gestellten Materialien möglichst eigenständig, dokumentieren und präsentieren diese im Plenum. Dieses neu erworbene Wissen können sie in den anschließenden Stunden der Sequenz immer wieder einbringen bzw. vertiefen.

Die Schülerinnen und Schüler...	Didaktik und Methodik	Medien
erarbeiten möglichst **selbstständig** Informationen zum Leben in Palästina zur Zeit Jesu	Informations-beschaffung und -bewertung und Darstellung in selbsttätiger Arbeit	Arbeitsblätter
		Bücher
vergleichen in der Kleingruppe das Leben damals und heute		evtl. Filme
stellen die wichtigsten Aspekte der Gruppenarbeit anschaulich **dar und präsentieren** diese		Bastelvorlagen
		Egli-Figuren
positionieren sich mit ihren eigenen Arbeitsergebnissen und zu den Ergebnissen der anderen Gruppen		

Mögliche Ablaufstruktur einer Lernaufgabe zum Thema „Das palästinensische Dorf"

1. Auseinandersetzung mit einem Impuls (z.B. Egli-Figuren der letzten Stunde auf Landkarte Palästina mit Zeitstrahl „0",)
2. Mithilfe des Eingangsimpulses entwickeln die Schülerinnen und Schüler unterstützt von de Lehrkraft eigene Assoziationen, Ideen, Fragen und Vorstellungen zum palästinensischen Do und sammeln/ ordnen diese (z.B. geographische Lage – Lebensverhältnisse – Berufe – Glaub der Menschen damals – Situation der Kinder/ Frauen – Essen – Kleidung – Kranke, Alte, Witwe – Gott …) auf Wortkarten
3. Vorwissen einbringen (z.B. in einer Gesprächsrunde im Stuhlkreis)
4. Fragestellungen, Problemanzeigen, Themen usw. herausarbeiten (z.B. welche Themen sin euch am Wichtigsten? – Klebepunkte auf die verschiedenen Wortkarten kleben lassen)
5. Entwicklung verschiedener Themenfelder bzw. Bearbeitungsbereiche (z.B. Themenformulierun und erste Abstimmung: Wer möchte mit welchem Thema arbeiten?)
6. Einzel-, Partner- oder Gruppenarbeit an einer ausgewählten Fragestellung/ einem Thema m Dokumentation der Arbeitsergebnisse und Entwicklung einer Präsentation (Klärung: Arbeit jede/r nur in einer Gruppe oder wechseln die Gruppen die verschiedenen Themen durch?)
7. Präsentation der Arbeitsergebnisse, Diskussion und Auswertung in der Religionsgruppe
8. Bewusstmachen des neu Erlernten bzw. des Lernzuwachses – welches Ergebnis meiner E oder PA oder anderer Gruppen hat mich am meisten beeindruckt bzw. ist eine wertvolle Ergä zung für meine Ergebnisse? (Prinzip: Eindruck – Ausdruck – Austausch)

9. Verknüpfung der neuen Lernergebnisse mit Anwendungsmöglichkeiten und alltagstauglichen realistischen Umsetzungsideen (Unterrichtsgespräch)
10. Reflexion des Arbeitsprozesses (Lerndesign, Gruppenprozesse, Lernwege, Methoden, Qualität der Arbeitsergebnisse…)
11. Wertschätzung des eigenen Lernweges
12. Anwendung auf andere Beispiele (konkret in den nächsten thematisch ähnlichen Stunden des Lernarrangements)

Wahrscheinlich ist es nicht möglich, in der ersten Stunde über Schritt 5 hinaus zu kommen, das schafft aber auch Zeit für die Lehrkraft, auf die wirklichen Fragen und Themen der Schülerinnen und Schüler einzugehen und entsprechende Materialien zu suchen bzw. zu erarbeiten.

Geklärt muss auch werden, ob jede Gruppe mehrere Themen bearbeitet. Vorstellbar wäre zum Beispiel die Arbeit an zwei Themen, jeweils über eine Doppelstunde/ zwei Einzelstunden hinweg mit entsprechender Auswertung. Damit könnten die Schülerinnen und Schüler sich nach der ersten Präsentation der Arbeitsergebnisse zu neuen Gruppen formieren und das bearbeiten, was sie am meisten interessiert hat (s. Pkt 8).

Zur Ideensammlung und besseren Strukturierung der Planung einer Lernaufgabe kann das Planungsmodell (s. Vorwort) hilfreich sein.
Generell sollten die Themengebiete so weit gefasst sein, dass die Schülerinnen und Schüler wirklich selbststeuernd lernen können. Die Lehrkraft behält dabei die unterschiedlichen Prozessbezogenen Kompetenzen (s. Kompetenzblume) im Blick und unterstützt die Lernwege der Schülerinnen und Schüler. Nachdem diese erst lernen müssen, eigenständig zu arbeiten, werden zunächst konkrete Arbeitsaufträge sinnvoll sein, die im Laufe der kommenden Schuljahre aber immer offener werden sollten bzw. auch nur auf Nachfrage angeboten werden, wenn die Gruppe selbst nicht weiter kommt.

Dieses Material findet sich auf der CD-Rom

Mögliche Aufgabenstellungen zu einer Lernaufgabe zu den verschiedenen Prozessbezogenen Kompetenzen finden Sie auf der CD-Rom

Materialhinweise:
Die Materialien müssen für die konkrete Lerngruppe – je nach Kompetenzen und Fähigkeiten individuell erstellt werden. Als Vorlagen sind sicherlich alte Religionsbücher sehr hilfreich, Freiarbeitsmaterialien (z.B. Horst Klaus Berg, So lebten die Menschen zur Zeit Jesu) oder auch das Internet (z.B. www.rpi-virtuell.net). Sinnvoll ist es ebenfalls, noch einige thematische Rätsel bereit zu stellen, falls eine Gruppe früher fertig ist als die anderen.

Weiterarbeit / Anregung:
Es wäre schön, wenn die erarbeiteten Materialien und Inhalte im Klassenraum präsent bleiben und im Laufe der weiteren Sequenz darauf verwiesen und zurückgegriffen werden könnte.

Material auf der CD Rom:

- Bildmaterial zur Umwelt Jesu

  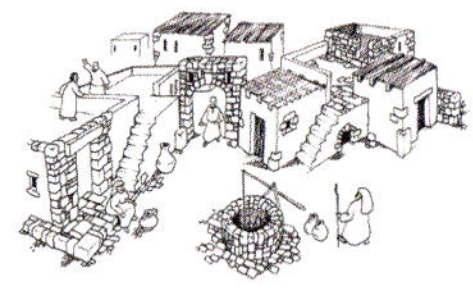 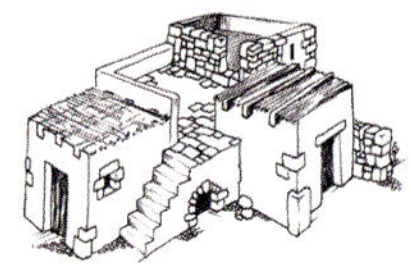 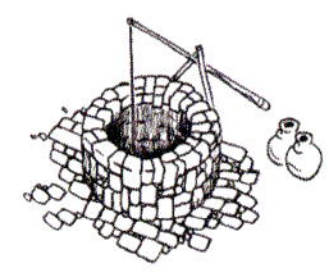

- Mögliche Aufgabenstellungen einer Lernaufgabe zu den sechs Prozessbezogenen Kompetenzen

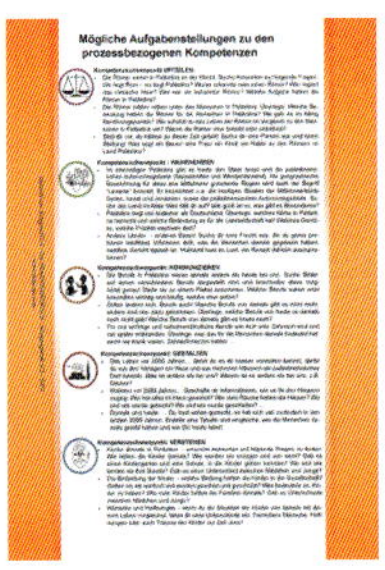 

14. Stunde: „Das Land Israel"

In den letzten Stunden haben die Schülerinnen und Schüler sich intensiv und in eigenständiger Arbeit mit ausgewählten Aspekten Palästinas zur Zeit Jesu beschäftigt. Die folgenden Stunden knüpfen an dieses bereits erarbeitete Vorwissen an und vertiefen es. In einer ersten Runde benennen die Schülerinnen und Schüler zunächst einmal einen Aspekt der letzten Stunden, der für sie besonders wichtig war und machen sich dann in einer Fantasiereise in Gedanken auf den Weg nach Israel, wo sie einiges über das Land und die Landwirtschaft erfahren. Sie sind eingeladen, sich mit den beiden Kindern Rebekka und Daniel zu identifizieren und von Israel als ihrem Land zu erzählen.

Die Schülerinnen und Schüler...	Didaktik und Methodik	Medien
rekapitulieren in wenigen Worten einen konkreten Lerninhalt der letzten Stunde **imaginieren** in Gedanken den Weg nach Israel und die Besonderheit des Landes **beschreiben** mit eigenen Worten Aspekte des Landes Israel **gestalten** eine Landkarte des Landes mit ausgewählten Details	Erzählrunde Fantasiereise Unterrichtsgespräch	Lied: „Komm mit mir in ein fernes Land" Orientalische Musik Text „Fantasiereise in das Land Israel" große Landkarte Israels oder Tücher zur Bodengestaltung Fotos zur Illustration AB „Das Land Israel"

Vorwissen rekapitulieren
Die Schülerinnen und Schüler sind eingeladen, anhand des Satzanfangs „Neu habe ich über Palästina und die Menschen, die dort leben, gelernt…“ den für sie wichtigsten neuen Erarbeitungsaspekt (Verweis auf die Präsentationen der Ergebnisse im Klassenzimmer) in einem kurzen Satz in die Runde zu tragen und sich so nochmals des persönlichen Lernprozesses und des – ergebnisses bewusst zu werden. Mit einem kleinen Liedvers wird übergeleitet in die Phase der Erarbeitung und inhaltlich hingeführt zur Fantasiereise:

Den Liedvers „Komm mit mir in ein fernes Land" finden Sie auf der CD-Rom

Zunächst kann der Text vor- und nachgesprochen werden, danach gesungen. Ein Vorschlag für begleitende Bewegungen findet sich ebenso auf dem Liedblatt.

Das Land Israel imaginieren und mit eigenen Worten beschreiben
Mit einer Fantasiereise machen sich die Schülerinnen und Schüler auf den Weg nach Israel und stellen sich dieses Land in Gedanken vor, z.B.

Den Text zur Fantasiereise finden Sie auf der CD-Rom

Eine Landkarte Israels beschreiben und gestalten
Die Lehrkraft kann so oder ähnlich weiterführen: *Jetzt bist du dran! Erzähle, was du erlebt, gesehen oder entdeckt hast!* – Schülerinnen und Schüler erzählen z.B. Mittelmeer – See – Wüste – Berge – Totes Meer- Tiere – Esel – Ziegen - Essen – Obst und Gemüse
Ich habe euch eine große Landkarte/ verschiedene Tücher mitgebracht. Gemeinsam wollen wir dieses Land nun in unserer Mitte gestalten und mit Bildern aus Israel illustrieren.

Material auf der CD Rom:

- Arbeitsblatt: „Das Land Israel“, Liedvers „Komm mit mir..." und Text zur Fantasiereise

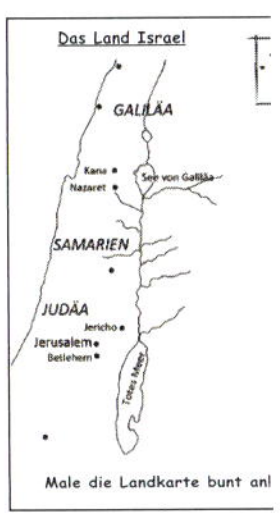

- Bilder von Israel (hier ein Auszug davon - weitere Bilder auf der CD-Rom)

…

15. Stunde: „Israel leidet unter der Unterdrückung durch die Römer"

Die Schülerinnen und Schüler kennen bereits das Land Israel als ein südliches Land, in dem andere Früchte und Gemüsesorten wachsen und das sehr unterschiedliche Landschaften hat. In einem zweiten Zugriff erfahren sie über diese "Idylle" hinaus einiges über die Herrschaft der Römer in Palästina zur Zeit Jesu und fassen dies in selbst formulierten Sätzen zusammen.

Die Schülerinnen und Schüler...	Didaktik und Methodik	Medien
rekapitulieren die Aspekte der letzten Stunde zum Land Israel anhand einer Landkarte/ eines Bodenbildes	Stuhlkreis	Bodenbild/ Landkarte Israels
assoziieren Vorwissen zur Egli-Figur eines Römers	Austausch im Unterrichtsgespräch	Liedvers: „Komm mit mir in ein fernes Land"
setzen sich mit der römischen Besatzungsmacht in Palästina zur Zeit Jesu **auseinander**	Textarbeit	Bilder aus Israel
fassen die Erarbeitung in eigenen Sätzen **zusammen**	kreatives Schreiben	Egli-Figur Römer Egli-Kinder: Rebekka und Daniel
		Lehrererzählung „Daniel und Rebekka und die Römer"
		AB: „Israel leidet unter der Unterdrückung der Römer"

Aspekte zum Land Israel rekapitulieren

Angeregt durch die Landkarte/ das Bodenbild in der Mitte des Sitzkreises erzählen die Schülerinnen und Schüler nochmals vom Land Israel und den Informationen der letzten Stunde. Der Liedvers aus der letzten Stunde kann wieder die Verbindung zu den biblischen Erzählungen schaffen:

Den Liedvers „Komm mit mir in ein fernes Land" finden Sie auf der CD-Rom

Vorwissen assoziieren

Als visuelle Impulse werden verschiedene Landschaftsaufnahmen Israels in die Mitte gelegt. So oder ähnlich kann die Lehrkraft weiterführen: *Heute gibt es in Israel große Häuser, Flughäfen und Straßen – doch manche Landschaften sehen noch genauso aus wie zur Zeit Jesu (Wüste, See Gennesaret, Olivenhaine, weidende Tiere...).* Anschließend wird eine Egli- Figur in die Mitte gestellt, die als Römer angezogen ist (alternativ: ein Bild eines römischen Soldaten): *Manches war vor 2000 Jahren ganz anders... Dazu können die Schülerinnen und Schüler erzählen, die sich bereits in der Lernaufgabe mit dem Thema Römer beschäftigt haben.*

Als künftige Identifikationsfiguren der Rahmengeschichte werden nun die beiden Kinder Daniel und Rebekka eingeführt und als Egli-Figuren in die Mitte gestellt.

Alternative zu den Egli-Figuren: gemalte Bilder oder Fotos der beiden Egli-Kinder Daniel und Rebekka und des Römers)

Sich mit der römischen Besatzungsmacht auseinander setzen
Die Lehrkraft kann so oder ähnlich weiterführen:

Dieses Material findet sich auf der CD-Rom

Die Erzählung „Daniel und Rebekka" finden Sie auf der CD-Rom

Nachdem unmittelbar im Anschluss an die Erzählung Verständnisfragen geklärt wurden, kann sich die Religionsgruppe in Untergruppen aufteilen. Jede Gruppe soll so viele Informationen wie möglich zum Thema Römer sammeln und dazu Fragen für die anderen Gruppen formulieren. Im anschließenden Plenum werden die Fragen gestellt und nach Möglichkeit von den anderen Gruppen beantwortet.

Die Informationen zusammenfassen
Zurück an den Plätzen erhalten die Schülerinnen und Schüler ein AB, auf dem sie in eigenen Worten das Wichtigste der Stunde zusammenfassen. Falls noch Zeit ist, lesen Einzelne ihre Ergebnisse vor.

Material auf der CD Rom:

- Bild von Daniel und Rebekka und Lehrererzählung

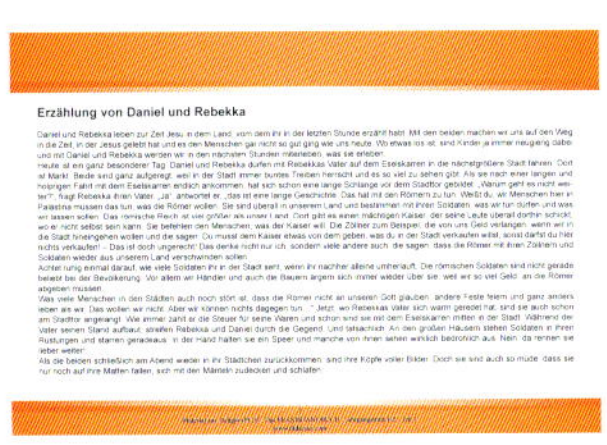

Erzählung von Daniel und Rebekka

- Arbeitsblatt: „Israel leidet unter... und aternatives Arbeitsblatt: "Die Römer"

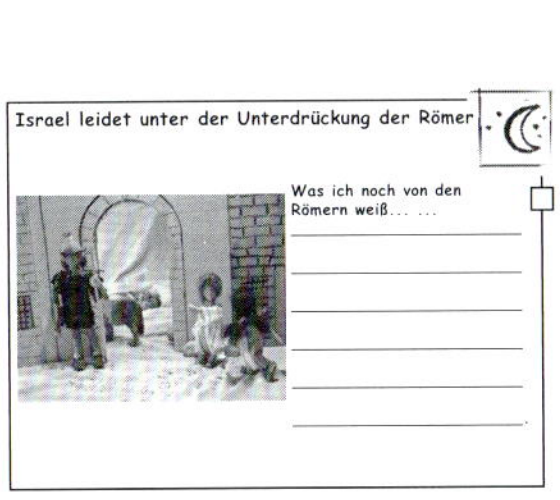

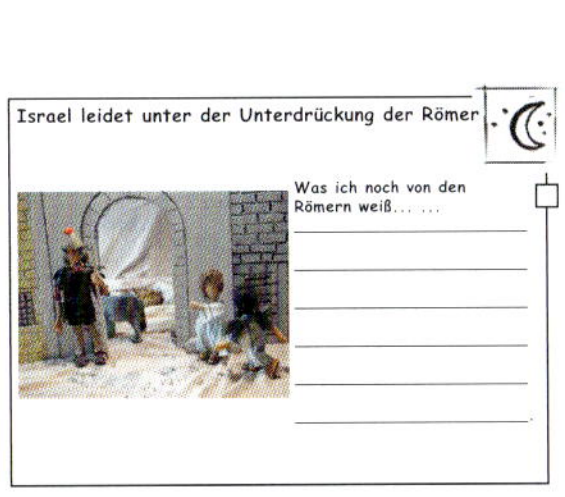

16. Stunde: „So leben die Menschen in Israel: Berufe"

Die Schülerinnen und Schüler wissen bereits um die Problematik der römischen Besatzungsmacht und können diese in groben Zügen charakterisieren und beschreiben. In einem weiteren Schritt sammeln sie Informationen zu verschiedenen Berufen und können auf diese Weise das Leben der Menschen zur damaligen Zeit charakterisieren. Auf dieser "Reise" begleiten sie wieder Rebekka und Daniel, in deren Lebenssituation sie sich so schrittweise immer besser einfühlen können.

Die Schülerinnen und Schüler...	Didaktik und Methodik	Medien
rekapitulieren die Inhalte der letzten Stunde anhand der Egli-Figur eines Römers **erfahren** anhand der Rahmenerzählung von Rebekka und Daniel von verschiedenen Berufen in Palästina zur Zeit Jesu **fassen** spezifische Aspekte zu den einzelnen Berufen mit eigenen Worten **zusammen** **ordnen** in einem spielerischen Rätsel Begriffe den einzelnen Berufen **zu**	Unterrichtsgespräch Textbearbeitung rätselndes Erschließen	Bodenbild Landkarte Israels evtl. Bilder von Israel Liedvers: „Komm mit mir..." Egli-Figur Römer Lehrererzählung „Daniel und Rebekka erzählen von Berufen" evtl. Bilder und Wortkarten/ Sprechblasen AB „So lebten die Menschen in Israel. Berufe"

Vorwissen zur römischen Besatzungsmacht rekapitulieren

Versammelt im Stuhlkreis wird wieder die Landkarte Palästinas ausgebreitet und die Egli- Figur eines Römers darauf gestellt. Die Schülerinnen und Schüler erzählen assoziativ, was ihnen aus der letzten Stunde zum Thema noch einfällt. Der Liedvers kann wieder die Verbindung zu den biblischen Erzählungen schaffen:

Den Liedvers „Komm mit mir in ein fernes Land" finden Sie auf der CD-Rom

Um an die Rahmengeschichte der letzten Stunde anzuknüpfen, werden auch die beiden Kinder Daniel und Rebekka wieder in die Mitte gestellt und die Erzählung fortgeführt...

Von Berufen zur Zeit Jesu erfahren

Die Erzählvorlage „Daniel und Rebekka erzählen von Berufen" finden Sie auf der CD-Rom

Wichtiges zu den Berufen Bauer, Händler und Hirte zusammenfassen

Im Anschluss an die Erzählung sollte zunächst nochmals Zeit sein, um Fragen zu klären, die sich vielleicht ergeben haben. Danach teilen sich die Schülerinnen und Schüler in drei Gruppen auf und sammeln arbeitsteilig Informationen zu den drei Berufen. Die Arbeitsergebnisse werden im Plenum vorgestellt und evtl. von den anderen Gruppen ergänzt. Wenn es möglich ist, können die einzelnen Gruppen auch Lückentexte erstellen, die die anderen dann zur Lösung bekommen.

Begriffe spielerisch zuordnen

Zurück auf den Plätzen erhalten die Schülerinnen und Schüler ein AB mit Bildern der drei Berufe und sind eingeladen, verschiedene Begriffe den Berufen zuzuordnen. Dies geschieht zunächst in Einzelarbeit und wird im Unterrichtgespräch nochmals zusammengefasst.

Material auf der CD Rom:

- Arbeitsblatt: „So lebten die Menschen in Israel: Berufe“, Liedvers „Komm mit mir..."

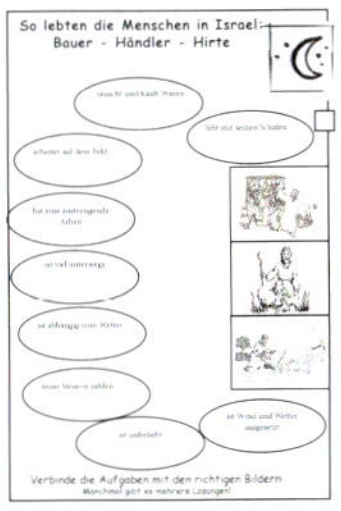

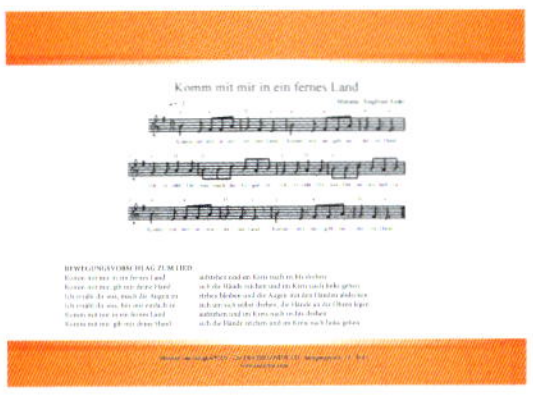

- Erzählvorlage „Daniel und Rebekka erzählen von Berufen"

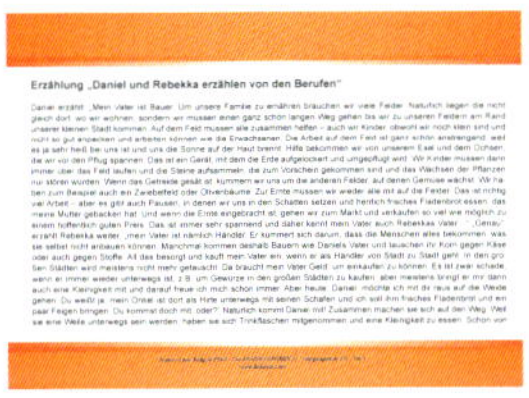

17. Stunde: „Wie Jesus auf die Kinder zugeht: die Segnung der Kinder"

Die Schülerinnen und Schüler kennen bereits verschiedene Berufe und damit auch die gesellschaftliche Situation einzelner Berufsgruppen und Menschen. Mit den Identifikationsfiguren Daniel und Rebekka erleben sie die gesellschaftliche Stellung und Situation der Kinder zur Zeit Jesu nach und können diese in eigenen Worten festhalten. Dabei kann ihnen bewusst werden, wie unterschiedlich die Situation der Kinder damals und heute ist.

Die Schülerinnen und Schüler...	Didaktik und Methodik	Medien
wiederholen anhand verschiedener Bilder und Wortkarten aus den letzten Stunden ihr **Vorwissen** zum Leben zur Zeit Jesu	Unterrichtsgespräch	Bilder und Wortkarten der letzten Stunden
ent-decken die Bibel als Schatz in ihrer Mitte	Lehrererzählung	Bibel - in ein Tuch eingepackt Triangel
erspüren in einer biblischen Erzählung, wie sich Jesus ganz besonders den Kindern zuwendet.	perspektivisches Erzählen	Egli-Figuren Daniel und Rebekka Erzählvorlage „Daniel und Rebekka begegnen Jesus"
erfahren diese Zuwendung und den **Segen** in einer Körperübung	Körperübung	Anleitung zum Segensgestus Segenslied: „Jesus liebt die Kinder" AB „Wie Jesus auf die Kinder zugeht: die Segnung der Kinder"

Das Vorwissen wiederholen

Im Stuhlkreis befinden sich auf einem Tuch verschiedene Wortkarten mit einzelnen Begriffen, z.B. Rebekka, Daniel, Hirte, Bauer, Händler, Römer, See Gennesaret, Wüste, Bergland, Olivenbäume, Esel, Ochsen… am besten Begriffe in der Anzahl der Schülerinnen und Schüler. Reihum wählt jede/r eine Wortkarte aus, dreht sie um und erzählt dazu, was ihm/ ihr aus den letzten Stunden noch einfällt.

Die Bibel als Schatz entdecken

Die Lehrkraft stellt die bereits bekannte Schatzkiste in die Mitte und lädt ein, diese zu öffnen. Die darin enthaltene Bibel ist in ein Tuch eingeschlagen und wird wie in einer der ersten Stunden der Sequenz schrittweise ent-deckt: Nacheinander öffnet jeweils eine Schülerin oder ein Schüler einen Teil des eingeschlagenen Tuches, sodass alle das schrittweise Ent-decken mitvollziehen können. Ein weiteres Kind, das angeblinzelt wurde, ent-deckt weiter – so lange bis das Buch ausgepackt ist. Dazu kann immer auch eine Triangel angeschlagen werden.

Im Anschluss erzählen die Schülerinnen und Schüler, was sie schon von der Bibel wissen, z.B. Die Bibel ist ein wertvolles Buch … sie erzählt von Gott und den Menschen …

Die Zuwendung Jesu in einer Erzählung erspüren

In der Weiterführung sollte deutlich werden, dass die folgende Erzählung in der Bibel aufgeschrieben ist, z.B.

Die Erzählvorlage „Daniel und Rebekka begegnen Jesus" finden Sie auf der CD-Rom

Im Anschluss an die Erzählung und die Klärung möglicher Fragen (z.B. Begriff Jünger, Hände auflegen…) sind die Schülerinnen und Schüler eingeladen, die Egli-Figur der Rebekka oder des Daniel in die Hände zu nehmen und zu erzählen. Möglich wäre auch, im Sitzkreis beide Figuren gleichzeitig weiter zu geben und abwechselnd die Erzählung in eigenen Worten wiederzugeben. Um sich mehr in die beiden einzufühlen, kann folgendermaßen eingeleitet werden: *Rebekka und Daniel haben heute etwas Besonderes erlebt. Wenn du eine der beiden Figuren in der Hand hältst, darfst du einen Satz dazu erzählen. Stell dir vor, DU wärst Rebekka oder Daniel. Beginne z.B.: Als ich heute morgen mit Daniel auf unserem Hof spielte, kam meine Tante Esther ganz aufgeregt angerannt …*

Die Zuwendung Jesu erfahren

Die Lehrkraft kann so oder ähnlich weiterführen: *Rebekka und Daniel haben sich gefreut, dass Jesus sich Zeit für sie genommen, dass er sie gesegnet hat. Dieser Segen gilt auch für dich und diesen Segen darfst du heute spüren. Ich lade dich deshalb ein, reihum in die Mitte zu treten. Wir legen dir dann alle unsere Hände auf die Schultern und den Rücken und singen dir ein Segenslied. Beim zweiten Teil setzen wir immer deinen Namen ein, damit du auch merkst: DU bist gemeint!*

Das Lied „Jesus liebt die Kinder" finden Sie auf der CD-Rom

Material auf der CD Rom:

- Lied: „Jesus liebt die Kinder" und Lehrererzählung „Daniel und Rebekka begegnen Jesus"

- Arbeitsblatt: „Wie Jesus auf die Kinder zugeht..." und Wortkarten

Rebekka | See Gennesaret | Bergland …

18. Stunde: „Wie Jesus mit den Menschen umgeht: Jesus und Levi"

Die Schülerinnen und Schüler kennen inzwischen die Situation und Position der Kinder zur Zeit Jesu. Davon ausgehend werden sie angeregt weiter zu denken, welche Menschen damals benachteiligt oder ausgestoßen waren. In der Erzählung von der Begegnung Jesu mit Levi erahnen sie die Zuwendung Gottes, die Menschen in der Begegnung mit Jesus erfahren durften.

Die Schülerinnen und Schüler...	Didaktik und Methodik	Medien
... **spüren** dem Segensritus der letzten Stunde **nach**	Körperübung	Gestaltete Mitte
... **diskutieren,** wer diesen Segen im Land Israel damals noch gebraucht hat.	Unterrichtsgespräch mit Hypothesenbildung	Schatzkiste mit Bibel
... **ent-decken** schrittweise die Bibel als Schatz in ihrer Mitte	Lehrererzählung und Nacherzählung	Segensübung Bibel
... **hören** in der biblischen Erzählung von Jesus und Levi	kreatives Schreiben	Lehrererzählung „Jesus begegnet Levi"
... **schreiben** aus der Perspektive Levis einen eigenen Tagebucheintrag von der Begegnung mit Jesus		AB: „Wie Jesus mit Menschen umgeht: Jesus und Levi" Segenslied „Jesus liebt die Kinder"

Dem Segensgestus nachspüren

Zu Beginn der Stunde versammeln sich die Schülerinnen und Schüler nochmals im Kreis, singen gemeinsam das Segenslied und wer möchte, darf sich nochmals segnen lassen.

Über den Segen diskutieren

In die Stuhlkreismitte werden die beiden Egli-Figuren Rebekka und Daniel gestellt und die Schülerinnen und Schüler rekapitulieren in knappen Worten nochmals die Kindersegnung der letzten Stunde, z.B. Daniel und Rebekka sind es gewohnt, als Kinder nicht angesehen zu sein … die Erwachsenen schicken Kinder oft weg, auch die Freunde Jesu … Jesus wendet sich den Kindern zu … Jesus segnet die Kinder – auch Daniel und Rebekka.
Mit einem Impuls kann eine Diskussion angeleitet werden, z.B. *Daniel und Rebekka hat es richtig gut getan, Jesus zu begegnen und seinen Segen zu spüren. Du kennst noch mehr Menschen aus Palästina, denen die Begegnung mit Jesus gut täte. Überlege!* – Die Schülerinnen und Schüler äußern ihre Vermutungen, z.B. anderen Kindern oder Menschen, die krank sind oder sich alleine fühlen, dem Hirten Jonathan, Armen, Ausgestoßenen, Menschen, die keine Freunde haben…

Die Bibel als Schatz entdecken

Die Lehrkraft stellt wieder die bereits bekannte Schatzkiste in die Mitte und lädt ein, diese zu öffnen. Die in einem Tuch eingeschlagene Bibel wird schrittweise entdeckt.

Die Lehrkraft kann so oder ähnlich weiterführen: *In der Bibel stehen im Neuen Testament noch viele andere Erzählungen, in denen Jesus den Menschen begegnet – so, wie er den Kindern begegnet ist. Natürlich sind heute auch wieder Daniel und Rebekka dabei…*

Von der Begegnung Jesu mit Levi hören

Dieses Material findet sich auf der CD-Rom

Die Erzählvorlage „Jesus begegnet Levi" finden Sie auf der CD-Rom

Im Anschluss an die Erzählung können evtl. schwierige Begriffe wie Synagoge, Pharisäer und Schriftgelehrte oder Zöllner geklärt werden. Danach erzählen die Schülerinnen und Schüler reihum die Begegnung von Levi und Jesus nach während sie die Bibel im Stuhlkreis weitergeben. Wer die Bibel in der Hand hält, erzählt…

Die Lehrkraft kann so oder ähnlich weiterführen: *Daniel und Rebekka gehen ganz still nach Hause. Sie haben nicht alles verstanden, was Jesus gesagt hat. Kannst du ihnen helfen?* – Die Schülerinnen und Schüler stellen Vermutungen an, warum Jesus gerade auf Levi zugeht und was er mit dem Satz über die Kranken meint; evtl. können hier auch Rückbezüge auf die Situation der Kinder und deren Begegnung mit Jesus angestellt werden.

Einen perspektivischen Tagebucheintrag schreiben

Zum Abschluss der Stunde sind die Schülerinnen und Schüler eingeladen, die Erzählung in eigenen Worten aus der Perspektive des Levi aufzuschreiben. Mögliche Satzanfänge könnten sein:

„Als Levi seine Gäste und auch Jesus verabschiedet hat, setzt er sich nochmals an den Platz, an dem er gerade mit Jesus zum Essen gesessen war. Er kann es kaum glauben…..“ oder „Am Abend als Levi in seinem Bett liegt, lässt er den Tag nochmals wie einen Film vor sich ablaufen. War Jesu wirklich bei ihm? – Viele Gedanken gehen ihm durch den Kopf….“

Material auf der CD Rom:

- Arbeitsblatt: „Wie Jesus mit Menschen umgeht: Jesus und Levi“

- Segenslied „Jesus liebt die Kinder" und Lehrererzählung „Jesus begegnet Levi"

19. Stunde: „Wie Jesus mit den Menschen umgeht: die Heilung des blinden Bartimäus"

Die Schülerinnen und Schüler kennen bereits die Erzählung von der Begegnung Jesu mit Levi. In der Weiterführung der Rahmenerzählung von Daniel und Rebekka werden sie darauf aufmerksam, dass zur damaligen Zeit Krankheit immer mit Sünde in Verbindung gebracht wurde und Jesus diesen Kausalzusammenhang in seinem Handeln und Reden durchbricht. Dies geschieht an der exemplarischen Erzählung von Jesus und Bartimäus und kann das Jesusbild der Schülerinnen und Schüler als einem, der sich den Menschen zuwendet und Hoffnung schenkt, bestärken und vertiefen.

Die Schülerinnen und Schüler...	Didaktik und Methodik	Medien
rekapitulieren anhand ihrer Tagebucheinträge die Begegnung Jesus mit Levi	Erzählkreis	Hefte/ Schülermappen
ent-decken die Bibel als Schatz mit Geschichten, die vom Leben erzählen	Unterrichtsgespräch	Schatzkiste mit Bibel
erfahren von der Begegnung Jesu mit Bartimäus	Lehrererzählung	Lehrererzählung „Jesus begegnet Bartimäus"
erzählen diese Begegnung aus verschiedenen Perspektiven **mit eigenen Worten nach**	kreatives Schreiben	AB „Wie Jesus mit Menschen umgeht..."
bringen den Inhalt der Stunde in einem eigenen Psalm kreativ zum Ausdruck		

Rekapitulieren der Begegnung Jesu mit Levi

Im Stuhlkreis werden die Schülerinnen und Schüler eingeladen – wer möchte! - , ihre Tagebucheinträge der letzten Stunde vorzulesen. Die Lehrkraft überlegt zusammen mit den Schülerinnen und Schülern, wem Jesus noch begegnen könnte und wer seiner Zuwendung und Nähe besonders bedarf. So oder ähnlich kann die Lehrkraft überleiten, z.B. *Du kennst nun schon einige Personen, die sich besonders gefreut haben, dass Jesus gerade ihnen begegnet ist. Eine Gruppe von Menschen, denen es damals besonders schlecht ging, fehlt noch. Von einem von ihnen werde ich euch heute erzählen. Dazu holen wir wieder unsere Bibel in die Mitte…*

Die Bibel als Schatz entdecken

Die Lehrkraft stellt wieder die bereits bekannte Schatzkiste in die Mitte und lädt ein, diese zu öffnen. Die Bibel wird herausgenommen und in die Mitte gelegt. Wie in den letzten Stunden auch werden die Egli-Figuren von Rebekka und Daniel in die Mitte zur Bibel gestellt.

Von der Begegnung Jesu mit Bartimäus erfahren

Die Erzählung „Jesus begegnet Bartimäus" finden Sie auf der CD-Rom

Die Begegnung mit eigenen Worten nacherzählen
Zur Nacherzählung könnten den Schülerinnen und Schülern evtl. verschiedene Bilder zur Bartimäusgeschichte angeboten werden, z.B. aus einer Kinderbibel.

Die Erfahrung in einem eigenen Psalm zum Ausdruck bringen
Abschließend sind die Schülerinnen und Schüler eingeladen, in Einzelarbeit einen Psalm zu schreiben, den Bartimäus gesprochen/ gebetet haben könnte. Folgende Satzanfänge stehen als Hilfestellung zur Verfügung: „Gott, lange Zeit glaubte ich... Ich rief zu dir, aber ..... Heute ist mir Jesus begegnet und ich .... Ich danke dir ... Du bist .... Amen.“

Material auf der CD Rom:

- Arbeitsblatt: „... Die Heilung des blinden Bartimäus“ und Lehrererzählung dazu

20. Stunde: „Jesu Botschaft der Hoffnung - die Seligpreisungen"

Die Schülerinnen und Schüler haben in den letzten bibelthematischen Stunden an exemplarischen Beispielen nachempfunden, dass Jesus gerade für die Menschen da ist, die am Rand stehen und deren Leben schwer ist. In der Weiterführung seiner Botschaft vom Reich Gottes weitet sich der Blick durch die Seligpreisungen, die nicht mehr nur einzelne Menschen, sondern ganze Personengruppen ansprechen und verdeutlichen, dass Jesus diese Botschaft der Hoffnung allen Menschen bringt.

Die Schülerinnen und Schüler...	Didaktik und Methodik	Medien
wiederholen anhand verschiedener Kunstbilder die Begegnungserzählungen Jesu	Unterrichtsgespräch	Kunstbilder von Jesusbegegnungen Kinder - Levi - Bartimäus aus dem Internet
spüren unterschiedlichen Lebenssituationen von Menschen im Land Jesu **nach**	Fallarbeit - Empathieübung	Egli-Figuren und Fallbeispiele
ent-decken die Bibel als Schatz mit Geschichten, die vom Leben und von Gott erzählen	Textbearbeitung Lied- und Tanzgestaltung	

hören und deuten die Frohbotschaft Jesu als eine Hoffnungsbotschaft für alle Menschen **stimmen** in den Dank und die Freude auf diese Botschaft **ein**		Lehrererzählung „Jesu Botschaft der Hoffnung - Die Seligpreisungen" Moderationskarten in Wolkenform Schatzkiste Bibel Lied (Taizé-Halleluja!)

Die Begegnungserzählungen wiederholen

Die Schülerinnen und Schüler, die im Stuhlkreis versammelt sind, decken nacheinander verschiedene noch umgedrehte Kunstbilder auf, zeigen diese in der Runde alle anderen Kindern, mutmaßen, was darauf zu sehen ist und erzählen die bereits bekannten biblischen Begegnungsgeschichten Jesu mit den Kindern, mit Levi und mit Bartimäus nochmals nach.

Den unterschiedlichen Lebenssituationen von Menschen nachspüren

Wie in den letzten Stunden auch werden die Egli-Figuren von Rebekka und Daniel in die Mitte gestellt, anschließend noch weitere Figuren: Eine Frau, ein Bauer, ein Bettler. Sie erzählen von ihrer momentanen Lebenssituation:

Eine Frau: Ich bin so unendlich traurig. Mein Mann ist gestorben und nun bin ich ganz alleine. Wir haben nicht einmal Kinder, die mich trösten können und ich kann einfach nicht begreifen, dass er nicht mehr da ist. Ich bin so traurig…

Ein Bauer: In den letzten Wochen war das Wetter ganz schlecht für uns Bauern: Zuerst war es zu lange zu kalt und nass und jetzt ist eine unerträgliche Hitze. Jeden Tag gehe ich auf meine Felder und sehe nach, was gewachsen ist. Und jeden Tag gehe ich enttäuscht nach Hause. Meine Familie muss jetzt schon hungern und nach dieser mickrigen Ernte wird es nicht besser werden. Wie soll das nur weiter gehen?

Mutlos sieht er aus als er von seinem Feld kommt, auf dem viel zu wenig gewachsen ist, um seine Familie zu ernähren. Jesus sieht die Menschen an und sie tun ihm leid. Und er beginnt zu ihnen zu sprechen: „Ihr braucht nicht glauben, dass Gott euch vergessen hat in eurem Leid und in eurer Not. Glaubt an Gott und gebt die Hoffnung nicht auf! Ja, selig sind alle, die arm sind, denn ihnen gehört das Reich Gottes. Und selig seid ihr, die ihr jetzt hungert, denn ihr werdet satt werden. Und selig seid ihr auch, wenn ihr jetzt weint und traurig seid, denn ihr werdet lachen.“

Ein Bettler: Vor vielen Jahren bin ich beim Hausbau vom Dach gestürzt und habe mein Bein verletzt. Es muss wohl gebrochen sein und ist nicht mehr zusammen gewachsen. Seither kann ich nur noch mit Krücken gehen. Keiner gibt mir Arbeit, weil ich zu nichts mehr tauge. Ich bin arm und muss betteln gehen und hoffen, dass mir jemand wenigstens ein Stück Brot schenkt oder einen Becher Ziegenmilch. Ist das ein Leben?

Durch einen Impuls motiviert, wiederholen die Schülerinnen und Schüler nochmals die Lebenssituation dieser Menschen, z.B. *Nimm eine der Egli-Figuren in die Hand! Du kannst einiges zu ihrem Leben und ihrer Situation erzählen!*

Nach dieser Nacherzählung der Situation der drei Personen setzen sich die Schülerinnen und Schüler in drei kleinen Gruppen zusammen. Gemeinsam überlegen sie, was diese Menschen bräuchten, wonach sie sich sehnen. Die Ergebnisse schreiben sie auf Moderationskarten in Wolkenform und stellen sie sich gegenseitig im Plenum vor.

Die Bibel als Schatz ent-decken

Die Lehrkraft stellt wieder die bereits bekannte Schatzkiste in die Mitte und lädt ein, diese zu öffnen. Die Bibel wird herausgenommen und in die Mitte gelegt. So oder ähnlich kann weitergeführt werden: *Ja, vielen Menschen in Palästina geht es nicht so gut. In der Bibel, im Neuen Testament, ist aufgeschrieben, was Jesus diesen Menschen erzählt, wie er ihnen Mut gemacht hat…*

Die Frohbotschaft hören und deuten

Die Erzählvorlage „Jesu Botschaft der Hoffnung - die Seligpreisungen"
finden Sie auf der CD-Rom

Die Schülerinnen und Schüler werden eingeladen, sich in Daniel und Rebekka einzufühlen. Sie sollen sich vorstellen, dass sie daheim erzählen, was sie heute mit Jesus erlebt haben und wie die Menschen von ihm sprechen.

Die Lehrkraft kann so oder ähnlich weiterführen: *Wie Jesus den Menschen begegnet, wie er mit ihnen spricht und wie er manche auch heil macht an Leib und Seele, das verwundert viele in Palästina. Sie spüren: Dieser Jesus ist ein ganz besonderer Mensch. Das ist einer, der von Gott kommt und erzählt, dass Gott uns nicht vergessen hat. Das ist einer, der uns immer wieder neue Hoffnung macht durch das, was er erzählt und durch das, was er tut. Bald wird alles gut! Bald beginnt eine neue Zeit! – So denken viele Menschen, auch wenn manche Jesus nicht glauben wollen, freuen sie sich, dass Jesus ihnen begegnet ist.*

Einstimmen in den Dank und die Freude

Gemeinsam singen die Schülerinnen und Schüler das bekannte Taizé – Halleluja. Wenn die Melodie gut gesungen werden kann, könnte die Gruppe auch aufgeteilt werden (Jungs- Mädchen) und im Kanon singen. Einfache Bewegungen können die Freude unterstützen, z.B. acht Schritte in die Mitte gehen und dabei die Hände heben, acht Schläge lang die Hände erhoben nach rechts und links bewegen, acht Schritte zurück in den Außenkreis gehen, dabei die Hände senken, und acht Schritte um sich selbst drehen, dabei zeigen die Handflächen auf Bauchhöhe nach außen.
Die Zusammenfassung der Stunde halten die Schülerinnen und Schüler auf einem AB fest.

Material auf der CD Rom:

- Wolke, Lehrererzählung und Arbeitsblatt: „Jesu Botschaft der Hoffnung..."

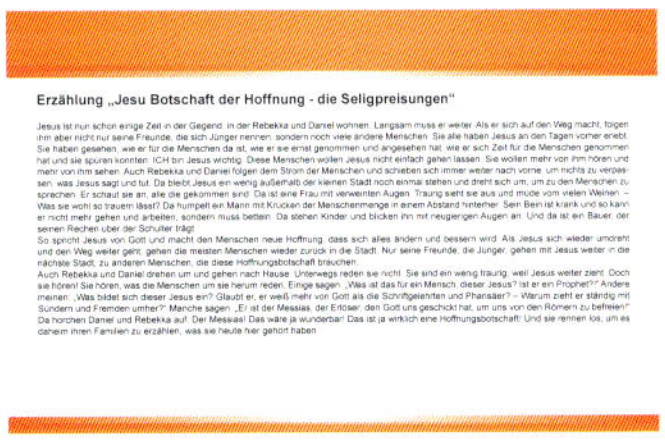

21. Stunde: „Jesus hat Freunde und Feinde"

In der letzten Stunde konnten die Schülerinnen und Schüler anhand der Seligpreisungen nachvollziehen, dass Jesus für die Menschen eine Hoffnungsbotschaft bringt. Für die Menschen in Palästina, denen es nicht so gut geht, ist dies ein Grund der Freude, den die Schülerinnen und Schüler ebenfalls gut nachvollziehen können. In der Weiterführung hören sie von der Ablehnung Jesu durch andere Menschen, die ihn als Gefahr einschätzen. Erst dadurch können sie verstehen, warum das Leben Jesu am Kreuz geendet hat.

Die Schülerinnen und Schüler...	Didaktik und Methodik	Medien
singen und tanzen nochmals den Kanon zum Halleluja	Lied- und Tanzgestaltung	Halleluja
vergegenwärtigen sich den Grund der Freude, die viele Menschen damals in der Begegnung mit Jesus gespürt haben.	Identifikationsübung Diskussion	Schatzkiste Bibel Tuch
ent-decken die Bibel als Schatz mit Geschichten, die vom Leben erzählen	spielerisches Rätseln	Egli-Figuren Daniel und Rebekka
setzen sich mit kritischen Anfragen und Reaktionen auf das Handeln und Sprechen Jesu **auseinander**		Lehrererzählung „Jesus hat Feinde und Freunde"
vertiefen und überprüfen ihr Wissen in einem Rätsel		AB mit Lückentext „Jesus hat Feinde und Freunde"

Singend und tanzend Freude ausdrücken
Die Schülerinnen und Schüler singen (und tanzen) nochmals das Taizè- Halleluja zu Beginn der Stunde.

Sich den Grund der Freude über Jesus vergegenwärtigen
Im Anschluss daran tauschen sie sich darüber aus, warum viele Menschen in Palästina sich über Jesus und seine Botschaft freuen, z.B. weil er auf Menschen zugeht, die keiner mag … weil er jeden Menschen achtet und mit Respekt behandelt … weil er ihnen Mut macht … weil er hoffnungsvolle Worte spricht … Danach kann nochmals das Halleluja gesungen werden.

Die Bibel als Schatz entdecken
Die Lehrkraft stellt wieder die bereits bekannte Schatzkiste in die Mitte und lädt ein, diese zu öffnen und die Bibel herauszuholen. Sie wird auf das Tuch in die Stuhlkreismitte gelegt. Die Figuren von Daniel und Rebekka werden dazu gestellt und weitergeführt: *Rebekka und Daniel sind Jesus einige Tage lang gefolgt so lange er in ihrer Gegend war. Jetzt können sie nicht mehr bei ihm sein, aber sie hören immer wieder von dem Mann, der durch Palästina zieht und vielen Menschen Hoffnung macht. Eines Tages hören sie aber auch etwas anderes. Pass gut auf!*

Sich mit kritischen Anfragen auseinandersetzen

Die Erzählvorlage „Jesus hat Feinde und Freunde"
finden Sie auf der CD-Rom

Durch die offene Frage am Ende der Erzählung sind die Schülerinnen und Schüler selbst eingeladen zu überlegen und darzustellen, warum Jesus Feinde hatte und welche Argumente sie gegen ihn vorbringen.

Eigenes Wissen vertiefen und überprüfen
Als Zusammenfassung der Stunde erhalten sie einen Teil des Erzähltextes als Lückentext und versuchen, diesen selbstständig auszufüllen.

Material auf der CD Rom:

- Lehrererzählung „Jesus hat Feinde und Freunde“ und Arbeitsblatt dazu

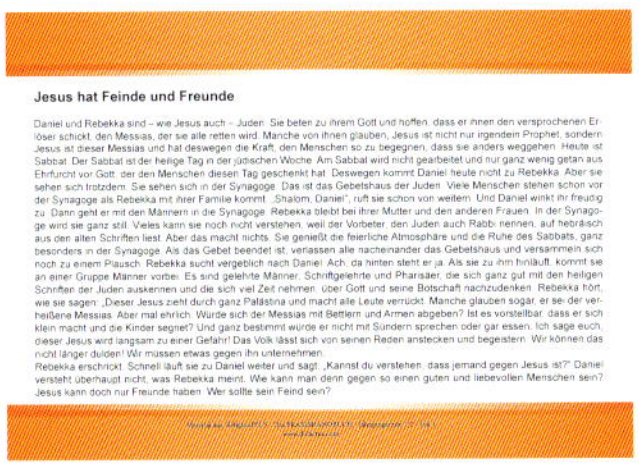
Jesus hat Feinde und Freunde

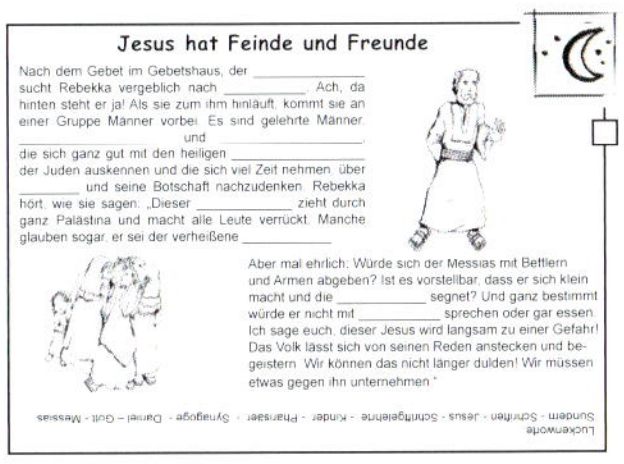
Jesus hat Feinde und Freunde

22. Stunde: „Wir gehen mit Jesus den Weg bis zum Kreuz"

In der letzten Stunde haben die Schülerinnen und Schüler erfahren, dass Jesus nicht nur Freunde, sondern auch Feinde hat. Sie hören in der Fortführung der biblischen Erzählung, dass diese Feinde Jesus verurteilen und kreuzigen lassen. In wenigen symbolhaft erschlossenen Stationen gestalten sie den Leidensweg Jesu mit, der schließlich am Kreuz endet.

Die Schülerinnen und Schüler...	Didaktik und Methodik	Medien
rekapitulieren die Argumente, die die Feinde Jesu gegen ihn vorbringen	Unterrichtsgespräch,	Bibel
ent-decken die Bibel als Schatz mit Geschichten, die vom Leben und von Gott erzählen	gestaltete Lehrererzählung,	Schatzkiste, Tuch
vollziehen anhand einfacher Symbole den Leidensweg Jesu bis zum Tod am Kreuz **nach**	aktive Weiterentwicklung des Bodenbildes	Liedvers „Jesus wir gehn mit dir"

partizipieren am Weg Jesu durch das gemeinsame Gestalten des Kreuzweges **erahnen anfanghaft,** dass der Tod Jesu nicht das Letzte ist		Tücher in verschiedenen Farben Symbole: Brot,kleine Fladenbrote, Strick, kleine Stricke, Dornenkrone, kleine Dornen, Kreuz, Kerze Lehrererzählung „Leidensweg Jesu in Symbolen" Taizé-Halleluja

Argumente gegen Jesus rekapitulieren
Zu Beginn der Stunde knüpfen die Schülerinnen und Schüler an die Vorstunde an, indem sie den Lückentext reihum nochmals vorlesen. Ein Impuls kann sie anregen, die Argumente gegen Jesus nochmals mit eigenen Worten zusammenzufassen, so dass die Lehrkraft auch abschätzen kann, ob und was die Schülerinnen und Schüler sachlich verstanden haben, z.B. *Du kannst nochmals mit eigenen Worten sagen, was die Menschen Jesus vorwerfen, die wir als seine „Feinde" kennen gelernt haben…*

Die Bibel als Schatz entdecken
Die Lehrkraft stellt wieder die bereits bekannte Schatzkiste in die Mitte und lädt ein, diese zu öffnen und die Bibel herauszuholen. Sie wird auf das Tuch in die Stuhlkreismitte gelegt. *Die Geschichte von Jesus ist noch nicht zu Ende. In der Bibel, im Neuen Testament, ist aufgeschrieben, wie sie weiter geht…*

Den Leidensweg Jesu in Symbolen nachvollziehen
Die Lehrkraft legt in die Stuhlkreismitte ein Kreuz aus dunklen Tüchern, zu denen die Schülerinnen und Schüler assoziieren, z.B. solch ein Kreuz hängt auch im Klassenzimmer … das Kreuz hat etwas mit Jesus zu tun … wir machen ein Kreuzzeichen….
Die Lehrkraft kann so oder ähnlich weiterführen: *Die Bibel erzählt, wie das Leben Jesu am Kreuz endet. Wir nennen das „Kreuzweg" und gehen und beten diesen schweren Weg Jesu in der Fastenzeit. Von diesem Kreuzweg möchte ich euch erzählen.*

Sich mit kritischen Anfragen auseinandersetzen

Dieses Material findet sich auf der CD-Rom

Die Erzählvorlage „Der Leidensweg Jesu in Symbolen"
finden Sie auf der CD-Rom

Material auf der CD Rom:

- Lehrererzählung „Der Leidensweg Jesu in Symbolen" mit Liedvers „Jesus, wir gehn mit Dir"

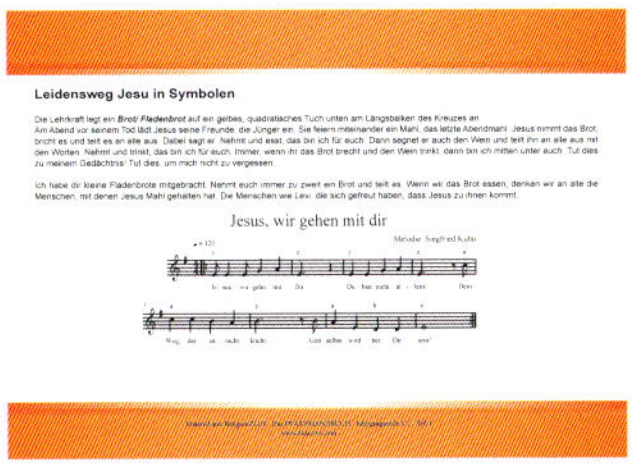

Leidensweg Jesu in Symbolen

Die Lehrkraft legt ein ***Brot/ Fladenbrot*** auf ein gelbes, quadratisches Tuch unten am Längsbalken des Kreuzes an.
Am Abend vor seinem Tod lädt Jesus seine Freunde, die Jünger ein. Sie feiern miteinander ein Mahl, das letzte Abendmahl. Jesus nimmt das Brot, bricht es und teilt es an alle aus. Dabei sagt er: Nehmt und esst, das bin ich für euch. Dann segnet er auch den Wein und teilt ihn an alle aus mit den Worten: Nehmt und trinkt, das bin ich für euch. Immer, wenn ihr das Brot brecht und den Wein trinkt, dann bin ich mitten unter euch. Tut dies zu meinem Gedächtnis! Tut dies, um mich nicht zu vergessen.

Ich habe dir kleine Fladenbrote mitgebracht. Nehmt euch immer zu zweit ein Brot und teilt es. Wenn wir das Brot essen, denken wir an alle die Menschen, mit denen Jesus Mahl gehalten hat. Die Menschen wie Levi, die sich gefreut haben, dass Jesus zu ihnen kommt.

Hier ist es gut möglich, in der kommenden Stunde einen Unterrichtsgang in eine nahe gelegene Kirche zu unternehmen und mit den Kindern Kreuzwegstationen zu betrachten und evtl. auch ausgewählte Kreuzwegstationen zu beten.

SEQUENZÜBERSICHT LERNARRANGEMENT 3

Sequenzübersicht Lernarrangement 3 (JC,KG, Freimodul)

Grundlegende Kompetenz „Jesus Christus"

Die Schülerinnen und Schüler stellen wichtige Stationen des Lebensweges Jesu Christi von seiner Geburt, seiner Hinwendung zu den Menschen bis zu Tod und Auferstehung auf vielfältige Weise dar, um mit grundlegendem Wissen über das Wirken und die Bedeutung Jesu Christi eine eigene Beziehung zu ihm zu finden.

Lernbereich 7. **Jesus, der Christus - Leben, Leiden, Tod und Auferstehung (Teil 1)**

Ausgewählte Kompetenzerwartungen:
Die Schülerinnen und Schüler

- erklären anhand biblischer Erzählungen, weshalb das Wirken Jesu zu Zustimmung und Nachfolge, aber auch zu Ablehnung führte. (V,K)
- benennen die einzelnen Festtage der Heiligen Woche, deuten österliche Zeichen und Symbole als Audruck christlicher Auferstehungshoffnung und gestalten Ostern im familiären und schulischen Rahmen mit (V, U, K)

Grundlegende Kompetenz „Kirche und Gemeinde"

Die Schülerinnen und Schüler nehmen den Kirchenraum als Ort der besonderen Gegenwart Gottes, des Gebets und des Gottesdienstes wahr und verstehen Kirche als Gemeinschaft, der Christen durch die Taufe angehören. Sie erkennen, dass Christen im Gebet, in der Feier des Sonntags und in den Festen im Kirchenjahr ihren Glauben an Jesus Christus zum Ausdruck bringen und gestalten dies in Ansätzen mit.

Lernbereich 8. **In der Gemeinde leben - zur Kirche gehören**

Ausgewählte Kompetenzerwartungen
Die Schülerinnen und Schüler

- verstehen, dass der Glaube Gemeinschaft bildet und bringen dies in unterschiedlichen Gestaltungsformen zum Ausdruck (V, G)
- nehmen Kirche als Ort der besonderen Gegenwart Gottes, des Gebetes und der Feier des Gottesdienstes wahr und benennen wichtige Einrichtungen des Kirchenraumes (W,V,U,K)
- beschreiben am Beispiel eines Heiligen, wie Menschen ihr Leben aus dem christlichen Glauben gestalten, und drücken aus, was sie daran vorbildlich finden (V,U,K,T)
- verstehen die Taufe als Siegel der Zugehörigkeit zu Christus in der Gemeinschaft der Kirche (V)
- erkennen, dass der Glaube an Jesus Christus den Christen aller Konfessionen gemeinsam ist und sich zugleich unterschiedlich entfaltet (V, U, T)

Begründung des inhaltlichen Vorgehens im Lernarrangement 3:
Nachdem sich die Schülerinnen und Schüler im Verlauf des Schuljahres bereits mit den christlichen Hochfesten Weihnachten und Ostern auseinander gesetzt haben, können sie in der nachösterlichen Zeit an die dabei zur Sprache gebrachten Ausdrucksformen des Glaubens anknüpfen. Diese Anknüpfung ist Ausgangspunkt für eine Begegnung mit Elementen der Tauffeier und dem Sakrament der Taufe als Hinweis auf die Verbundenheit mit Jesus und seiner Botschaft sowie mit all jenen, die sich in der Nachfolge Jesu versammeln und ihrem Glauben im Raum der Kirche Ausdruck verleihen. Der Gemeinschaftsaspekt ist für die Schülerinnen und Schüler dieser Altersstufe von besonderer Bedeutung und soll für sie insbesondere im Hinblick auf Kirche und Gemeinde erschlossen werden. Elemente, die sich in diesem Kontext mit der anthropologischen Grundkonstante von Feiern und eines Ausdrucks dessen in Festen auseinandersetzen, sind für die Schülerinnen und Schüler Anregung zu überlegen, wie dies im kirchlichen Kontext umgesetzt wird. Dadurch können sie sich an einfachen Formen gottesdienstlicher Feiern beteiligen und begegnen insbesondere dem Ort dieser Feiern, dem Kirchenraum. Bei der Erkundung eines exemplarischen Kirchenraumes werden die Aspekte von Feiern und Gemeinschaft ergänzt durch ein Aufmerksamwerden auf Glaubensgeschichten, die sich im Kirchenraum durch die Heiligenfiguren, Bilder und ähnliches zeigen. Dabei kann den Schülerinnen und Schülern deutlich werden, dass sie in einer Verbindung zu Heiligen und deren Biografien stehen, weil diese ebenso wie sie selbst die Botschaft Jesu zu verstehen und in ihrem Leben umzusetzen versuchten. An exemplarischen Heiligengeschichten soll dies deutlich werden. Schließlich ist den Kindern schon vertraut, dass es nicht nur katholische Kirchen gibt, sondern auch Orte, an denen sich Menschen anderer Konfessionen und Religionen versammeln und beten. Diese sollen exemplarisch im Blick auf die evangelischen Glaubensbrüder und – schwestern betrachtet werden. Zum Abschluss des Schuljahres bietet es sich an, Mitarbeiterinnen oder Mitarbeiter aus dem Bereich der Gemeinde einzuladen und einen eigenen Versuch zu unternehmen, feiernd und im Blick auf den Glauben und die Botschaft Jesu ein Ende des Schuljahres zu gestalten.

1. Stunde: „Gott hat Jesus auferweckt! – Jesus lebt“
Als Abschluss des Kreuzweges haben die Schülerinnen und Schüler bereits von der Auferstehung Jesu erfahren, um vor den Ferien nicht mit Hoffnungslosigkeit aus der Stunde zu gehen. Nun wird diese Erzählung von der Auferstehung nochmals im Blick auf die Jünger weitergeführt, die diese Frohbotschaft von den Frauen erhalten. Dies ist die Grundlage für die nächsten Stunden, in denen konkret das Osterbrauchtum in den Blick genommen wird.

2. Stunde: „Wir feiern das Leben: Österliche Symbole“
Die Auferweckung Jesu stand im Mittelpunkt der vorausgehenden Stunde und ist die Grundlage für alle Feiern und Bräuche, die sich daraus entwickelt haben. Um die gängigen Symbole verstehen und deuten zu können, setzen sich die Schülerinnen und Schüler mit den Symbolen Ei, Osterstrauß und Hase auseinander und versuchen, diese sich gegenseitig zu erklären.

3. Stunde: „Die Osterkerze – Zeichen für Jesus, Zeichen des Lebens!“
Aus den vorangegangenen Stunden wissen die Schülerinnen und Schüler bereits, was Christen an Ostern feiern und in welchen Bräuchen diese Freude über die Auferstehung Ausdruck finden kann. Nun richten sie ihr Augenmerk auf die Symbolik der Osterkerze, die sie sich erschließen und schließlich in kreativer Form über grundlegende Symbole hinaus auf ihrer eigenen Osterkerze weiter entwickeln.

4.+ 5. Stunde: „Die Osterkerze und die Taufe in der Osternacht“ (Unterrichtsgang in die Kirche)

Die Schülerinnen und Schüler kennen aus der letzten Stunde die Symbolik der Osterkerze, die sie in kreativer Form über grundlegende Symbole hinaus auf ihrer Osterkerze weiter entwickelt haben. Beim Unterrichtsgang in die katholische Kirche vor Ort entdecken sie die dort aufgestellte Osterkerze mit den schon bekannten Symbolen und erschließen den Zusammenhang mit der Taufe in der Osternacht. Dadurch motiviert fragen sie nach der eigenen Taufe und thematisieren diese.

6. Stunde: „Symbole der Taufe: Taufkerze und Wasser“

Die Schülerinnen und Schüler haben anlässlich des Unterrichtsganges in die Kirche von der Taufe in der Osternacht gehört und zu ihrer eigenen Taufe recherchiert. In dieser Stunde lernen sie nun die wichtigsten Symbole und Symbolhandlungen im Zusammenhang mit der Taufkerze und dem Wasser der Taufe kennen und anfanghaft zu verstehen.

7. Stunde: „Auch ICH bin getauft und gehöre zu Jesus“

Die Schülerinnen und Schüler haben in der letzten Stunde erfahren, dass die Taufe insbesondere auch die Aufnahme in die Gemeinschaft der Christen bedeutet und sich an ihre eigene Taufe erinnert. Sie bedenken mithilfe eines Bibelwortes, dass das besondere Kennzeichen derer, die zur Kirche gehören, ihre Verbundenheit mit Jesus Christus und untereinander ist. Sie können nachvollziehen, dass die Getauften zu Jesus gehören und seine Botschaft für sie eine besondere Rolle spielt.

8. Stunde: „Wir erinnern uns an unsere Taufe – liturgische Feier der Tauferneuerung“

Die Schülerinnen und Schüler sind sich bewusst, dass sie durch die Taufe mit Jesus Christus und untereinander verbunden sind. Anlässlich des Unterrichtsganges in die Kirche erinnern sich die Schülerinnen und Schüler in einer kindgerechten Feier der Gemeinschaft der Religionsgruppe und ihrer Taufe.

9.Stunde: „Heilige – Menschen, die zu Jesus gehören und mit seiner Botschaft leben“

Die Schülerinnen und Schüler wissen um die Verbundenheit der Christen untereinander und mit Jesus. Sie setzen sich in Erinnerung an das Leben der Heiligen Luzia mit Biographien von Menschen auseinander, die aus dieser Verbundenheit mit Jesus ihr Leben gestaltet haben, weil sie etwas von der Botschaft Jesu verstanden und für sich selber in besonderer Weise umgesetzt haben.

10.Stunde: „Mein Heiliger – mein Namenspatron“

Die Schülerinnen und Schüler sind schon mit der Bedeutung von Heiligen vertraut und können zum Lebensweg exemplarischer Heiliger Bedeutsames erzählen. Sie entdecken, dass Heilige in der abendländischen Tradition Namensgeber und – patrone für Christen sind und welche Bedeutung ihnen zugemessen wird. Vor diesem Hintergrund gehen sie auf Spurensuche nach dem eigenen Namenspatron und dessen Leben, indem sie sich in einfacher Weise mit aussagekräftigen Legenden und der Bedeutung des eigenen Namens beschäftigen.

11.+ 12. Stunde: „Ich entdecke unsere Kirche – besondere Orte, besondere Figuren“

Nachdem die Schülerinnen und Schüler sich nochmals intensiver mit dem eigenen Namenspatron auseinander gesetzt und beschäftigt haben, wird der Bedeutung von Heiligen auch im Kirchenraum nachgegangen. Dabei entdecken die Schülerinnen und Schüler über die Figuren und Bilder von Heiligen hinaus weitere Orte des Kirchenraumes, die für sie interessant sind. Mithilfe von Unterrichtsmaterialien entwickeln sie eine kleine Präsentation zur Bedeutung ihrer Entdeckungen.

13. Stunde: „Unser Pfarrpatron"

Die Schülerinnen und Schüler haben sich in den letzten Stunden intensiv mit dem Kirchenraum vor Ort auseinandergesetzt und dabei verschiedene Gegenstände entdeckt und sie sich in kleinen Präsentationen selbst erschlossen, die zu einem späteren Zeitpunkt vorgestellt werden sollen (s. 14./15. Stunde). Nun wird der Pfarrpatron der Pfarrei und Kirche in den Mittelpunkt gestellt[1], mit dem sich die Schülerinnen und Schüler – wie schon in den Vorstunden mit anderen Heiligen – auseinandersetzen, um dessen besondere Bedeutung für die Menschen damals und heute zu erarbeiten.

14. + 15. Stunde: „Komm, ich zeig dir meine Kirche!"
(Kirchenerkundung evangelische und katholische Kirche)

Die Schülerinnen und Schüler der katholischen Religionsgruppe haben sich bereits durch mehrere kirchenraumpädagogische Elemente mit ihrer Pfarrkirche auseinander gesetzt und Informationen zu einzelnen Gegenständen und Orten erarbeitet, die sie jetzt präsentieren. Auf die Einladung der Schülerinnen und Schüler der evangelischen Religionsgruppe lassen sie sich zunächst durch deren Kirche führen und zeigen ihnen in einer weiteren Stunde die katholische Kirche. Dadurch können sie feststellen, dass es Unterschiede und Gemeinsamkeiten zwischen evangelischen und katholischen Kirchenräumen gibt.

16. Stunde: „Ich erzähl dir von meinem Glauben!"
(Gespräch mit den evangelischen Mitschülerinnen und Mitschülern)

Die Schülerinnen und Schüler sowohl der evangelischen, als auch der katholischen Religionsgruppe haben bei den Kirchenführungen der Mitschülerinnen und Mitschüler Unterschiede und Gemeinsamkeiten im Kirchenraum festgestellt. Das kann Fragen nach deren Bedeutung aufwerfen. Hinweise auf mögliche Unterschiede zwischen den Konfessionen können angesprochen werden.

17. - 19. Stunde: „Gemeinsam beten, singen und feiern"
(Vorbereitung und Feier einer ökumenischen Segensfeier
- Lernaufgabe: Vorbereitung und Durchführung...)

Die evangelischen und katholischen Schülerinnen und Schüler haben sich in einem Gespräch über Unterschiede und Gemeinsamkeiten ihres Glaubens ausgetauscht. In der Vorbereitung und Durchführung einer ökumenischen Feier im Klassenraum soll diese Verbundenheit als Christen zum Ausdruck gebracht werden. Dazu erarbeiten verschiedene Gruppen einzelne Module in konfessionsgemischten Kleingruppen, die sie dann in einer ökumenischen Feier zusammentragen.

---

1 Hier wird exemplarisch am Beispiel des heiligen Franziskus der Pfarrpatron erschlossen

1. Stunde: „Gott hat Jesus auferweckt! - Jesus lebt"

Als Abschluss des Kreuzweges haben die Schülerinnen und Schüler bereits von der Auferstehung Jesu erfahren, um vor den Ferien nicht mit Hoffnungslosigkeit aus der Stunde zu gehen. Nun wird diese Erzählung von der Auferstehung nochmals im Blick auf die Jünger weitergeführt, die diese Frohbotschaft von den Frauen erhalten. Dies ist die Grundlage für die nächsten Stunden, in denen konkret das Osterbrauchtum in den Blick genommen wird.

Die Schülerinnen und Schüler...	Didaktik und Methodik	Medien
assoziieren zu einem dunklen, runden Tuch und rekapitulieren den Kreuzweg	Unterrichtsgespräch	Schwarzes und gelbes rundes Tuch
betrachten ein modernes Osterbild	symboldidaktische Bilderschließung	Modernes Osterbild, HaPe Eggerl
ent-decken die Bibel als Schatz mit Geschichten, die vom Leben und von Gott erzählen	Erschließung eines Bibeltextes	Bibel und Schatzkiste
hören in der Weiterführung der biblischen Erzählung, wie die Osterbotschaft die Jünger Jesu verändert	kreatives Gestalten	Lehrererzählung „Die Osterbotschaft"
gestalten ihr eigenes Osterbild		Blätter (oder kleine Leinwände)
		Farben

Assoziationen zur Sprache bringen

Angeregt von einem dunklen, runden Tuch und den Symbole aus der letzten Stunde rekapitulieren die Schülerinnen und Schüler den Kreuzweg Jesu in wichtigen Stationen.

Ein modernes Osterbild betrachten

1. Schritt: Ich habe euch das Bild eines Künstlers mitgebracht. Wandere mit deinen Augen durch das Bild. Schaue genau, was du siehst. Beginne mit „Ich sehe…" und erzähle von deinen Entdeckungen!
2. Schritt: Schau dir jetzt noch einmal genau die Farben und Formen an. Was fällt dir auf? Beginne mit „Mir fällt auf…!"
3. Schritt: Sicher hast du dir und hat auch der Künstler sich etwas gedacht. Was fällt dir zu diesem Bild ein, was kannst du deuten? Beginne deinen Satz mit: „Ich denke mir….!"
4. Schritt: Überlege weiter, welchen Titel du dem Bild geben würdest!

Mögliche Weiterführung: *Der Künstler hat eine Erzählung aus der Bibel in Farben und Formen umgesetzt. Vielleicht hast du eine Idee?*

Die Bibel als Schatz ent-decken
Die Lehrkraft stellt nochmals die Schatzkiste in die Mitte und lädt ein, diese zu öffnen und die Bibel herauszuholen. Sie wird auf das dunkle Tuch in die Stuhlkreismitte gelegt: Die Geschichte von Jesus ist noch nicht zu Ende. In der Bibel, im Neuen Testament, ist aufgeschrieben, dass der Kreuzestod nicht das Letzte war…

Von der Osterbotschaft an die Jünger hören
So oder ähnlich kann die Lehrkraft erzählen:

Dieses Material findet sich auf der CD-Rom

Die Erzählvorlage „Die Osterbotschaft"
finden Sie auf der CD-Rom

Im Blick auf unsere Mitte hat sich etwas verändert! Schülerinnen und Schüler vermuten, z.B. aus dem schwarzen Loch/ Grab/ der Trauer wurde eine Sonne/ das Licht/ ein Hoffnungszeichen.

Als Impuls zur Nacherzählung kann die Lehrkraft so oder ähnlich weiterführen: *Die Frauen und die Jünger haben Grund zur Freude! Erzähle!*

Ein eigenes Osterbild gestalten
Was dieser Künstler kann, kannst du auch! Ich lade dich ein, dein eigenes Osterbild zu malen. Du kannst es so ähnlich wie dieses malen oder dein ganz eigenes Bild von Ostern, das nur aus Farben besteht …

Material auf der CD Rom:

- Osterbild HaPe Eggerl und Lehrererzählung „Die Osterbotschaft"

Die Osterbotschaft

2. Stunde: „Wir feiern das Leben: Österliche Symbole"

Die Auferweckung Jesu stand im Mittelpunkt der vorausgehenden Stunde und ist die Grundlage für alle Feiern und Bräuche, die sich daraus entwickelt haben. Um die gängigen Symbole verstehen und deuten zu können, setzen sich die Schülerinnen und Schüler mit den Symbolen Ei, Osterstrauß und Hase auseinander und versuchen, diese sich gegenseitig zu erklären.

Die Schülerinnen und Schüler...	Didaktik und Methodik	Medien
wertschätzen ihre eigenen und fremden Werke zur Auferstehungsthematik	Vernissage mit den Kunstwerken der SchülerInnen	Bilder der SchülerInnen
erarbeiten arbeitsteilig verschiedene Osterbräuche	arbeitsteilige Gruppenarbeit - Texterschließung, Präsentation, kreative Gestaltung	Infotexte zu den Osterbräuchen
stellen diese jeweils mit einem Plakat den anderen **vor**		Plakate und Stifte
gestalten eigene Ostereier mit Symbolen für das Leben		AB „Wir feiern das Leben - österliche Symbole"

Eigene und fremde Werke wertschätzen

Zu Beginn der Stunde sind die Schülerinnen und Schüler eingeladen, in einer kleinen Vernissage ihre eigenen und die Bilder der anderen zu betrachten und wertzuschätzen. Dabei kann nochmals die Osterfreude in Worte gefasst werden, z.B. immer mit dem Satzanfang „Halleluja, ... Jesus lebt! ... wir dürfen wieder hoffen ... es ist nicht alles vorbei mit Jesus ... Gott hat Jesus auferweckt! ..."

Verschiedene Osterbräuche erarbeiten

Weiterführung: *Immer wieder haben sich Menschen Gedanken gemacht, wie sie diese Freude über das neue Leben Jesu zum Ausdruck bringen können. Daraus haben sich Bräuche entwickelt, die es nur an Ostern gibt und mit denen wir das Leben feiern. Sicherlich kennst du den einen oder anderen.* Schülerinnen und Schüler vermuten, z.B. Ostereier färben, verstecken und suchen, Osterhase...

Ihr seid nun eingeladen, euch in drei thematische Gruppen einzuteilen und die verschiedenen Bräuche und deren Bedeutung nachzulesen.

Texte für die Gruppenarbeit
finden Sie auf der CD-Rom

Die eigenen Arbeitsergebnisse vorstellen

Jede Gruppe gestaltet zu ihrem Brauch ein Plakat und stellt es den anderen nachher im Plenum vor.

Eigene Ostereier gestalten

Auf eurem AB findet ihr Bilder zu den verschiedenen Bräuchen. Schreibt daneben auf die Zeilen, was die Bilder zeigen. Nachher kannst du noch eigene Ostereier mit Symbolen für das Leben gestalten.

Material auf der CD-Rom:

- Texte für die Gruppenarbeit und Arbeitsblatt: „Wir feiern das Leben ...“

Die Ostereier
Kein Ostern ohne Ostereier! Das Ei ist ein Zeichen für das Leben: Aus einer harten, toten Schale kann neues Leben schlüpfen. Deshalb wurde das Ei zum Zeichen für die Auferstehung Jesu. Wir färben entweder gekochte Eier und essen sie zur Brotzeit oder wir blasen Eier aus und bemalen sie ganz vorsichtig, um sie später am Osterstrauß aufzuhängen.

Der Osterstrauß
Viele Familien stellen an Ostern einen Osterstrauß auf. Er besteht aus Palmkätzchenzweigen, die mit Schleifen oder selbst bemalten Ostereiern geschmückt werden. Wir zeigen dadurch unsere Freude über das neue Leben, das wir an Ostern feiern.

Der Osterhase
An Ostern werden Ostereier versteckt und gesucht. Seit langer Zeit erzählen sich die Menschen, dass der Osterhase Eier versteckt. Weil der Hase mit offenen Augen schlafen kann, dachte man früher, er bleibt immer wach. Dies nehmen die Menschen als Zeichen dafür, dass auch Jesus nicht „entschlafen“, das heißt gestorben ist.

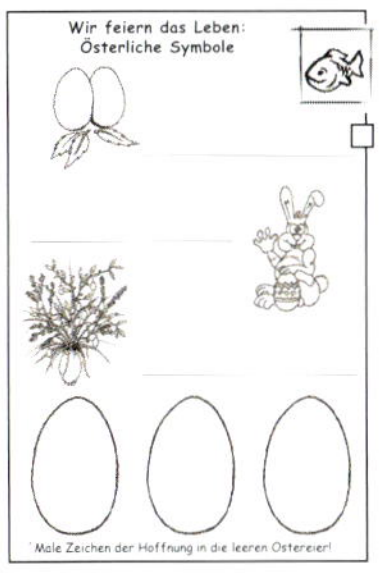

3. Stunde: „Die Osterkerze - Zeichen für Jesus, Zeichen des Lebens!"

Aus den vorangegangenen Stunden wissen die Schülerinnen und Schüler bereits, was Christen an Ostern feiern und in welchen Bräuchen diese Freude über die Auferstehung Ausdruck finden kann. Nun richten sie ihr Augenmerk auf die Symbolik der Osterkerze, die sie sich erschließen und schließlich in kreativer Form über grundlegende Symbole hinaus auf ihrer eigenen Osterkerze weiter entwickeln.

Die Schülerinnen und Schüler...	Didaktik und Methodik	Medien
wiederholen nochmals die verschiedenen Osterbräuche, die sie in der letzten Stunde kennengelernt haben	Unterrichtsgespräch	Plakate/ Bilder zu den Bräuchen
erfahren von der besonderen Symbolik der Osterkerze	symboldidaktische Erschließung	Osterkerze mit den grundlegenden Symbolen
nehmen Anteil an der Auferstehungsfreude der Christen	kreatives Gestalten	kleine Teelichte und Sonnenstrahlen
gestalten die Osterkerze kreativ weiter		AB „Die Osterkerze - ..."

Osterbräuche wiederholen

Zu Stundenbeginn sind die Schülerinnen und Schüler anhand der Bilder/ Plakate aus der letzten Stunde eingeladen, die verschiedenen Osterbräuche nochmals mit eigenen Worten wiederzugeben und zu erklären.

Von der Symbolik der Osterkerze erfahren

Weiterführend richtet die Lehrkraft den Fokus auf die Osterkerze, die in die Mitte gestellt und betrachtet wird. Die Schülerinnen und Schüler assoziieren und vermuten, was die verschiedenen Symbole bedeuten, z.B. das Kreuz für Jesus und die Zahl für das jeweilige Kalenderjahr... Die Lehrkraft ergänzt – je nachdem, was die Schülerinnen und Schüler bereits eingebracht haben – Informationen zur Osterkerze:

Für uns Christen sind Kerzen sehr wichtig und die allerwichtigste Kerze ist die Osterkerze. Du hast es richtig erkannt, sie steht für Jesus selbst und hat deshalb ein großes Kreuz in der Mitte. Die Osterkerze wird in der Osternacht geweiht und zum ersten Mal angezündet. Dabei singt der Priester: Christus, das Licht! Denn Jesus selbst war für die Menschen wie ein Licht im Dunkeln. Deshalb passt die Kerze sehr gut als Symbol für Jesus. Wenn du genauer auf die Kerze siehst, kannst du außerdem noch Nägel entdecken. Sie sind aus rotem Wachs und erinnern an den Kreuzweg, den Jesus vor seinem Tod gegangen ist. Auf den Kerzen findest du außerdem noch zwei Buchstaben. Du kennst inzwischen alle Buchstaben unseres Alphabets und kannst mir den ersten und den letzten benennen: A + Z. Im griechischen Alphabet sind A und O der erste und der letzte Buchstabe - Alpha und Omega. Mit den beiden Buchstaben wollen wir sagen: Jesus ist der Anfang und das Ende – er ist immer da, auch im Tod und über den Tod hinaus.

Anteil nehmen an der Auferstehungsfreude der Christen

Auf der Kerze steht: Jesus ist der Anfang und das Ende, er ist immer da bei uns und für uns. Das feiern wir Christen jeden Sonntag, denn jeder Sonntag ist ein kleines Osterfest. Wir Christen glauben, dass mit dem Tod nicht alles zu Ende ist, sondern ein anderes, neues Leben beginnt. Vielleicht ist in deiner Verwandtschaft auch schon jemand gestorben und du gehst immer wieder ans Grab und zündest ein Licht als Zeichen der Hoffnung und des ewigen Lebens an. Ich lade dich nun ein, dir einen Sonnenstrahl zu nehmen und von der Kerze aus zu dir zu legen. Dann darfst du ein Teelicht an der Osterkerze entzünden und sagen, an wen du denkst.

Die eigene Osterkerze kreativ weitergestalten

Manche Osterkerzen haben noch weitere Bilder für das Leben. Du kannst auf deinem Arbeitsblatt deine eigene Osterkerze gestalten. In der nächsten Stunde werden wir in die Kirche gehen und uns die neue Osterkerze ansehen.

Material auf der CD-Rom:

- Arbeitsblatt: „Die Osterkerze – Zeichen für Jesus, Zeichen des Lebens!"

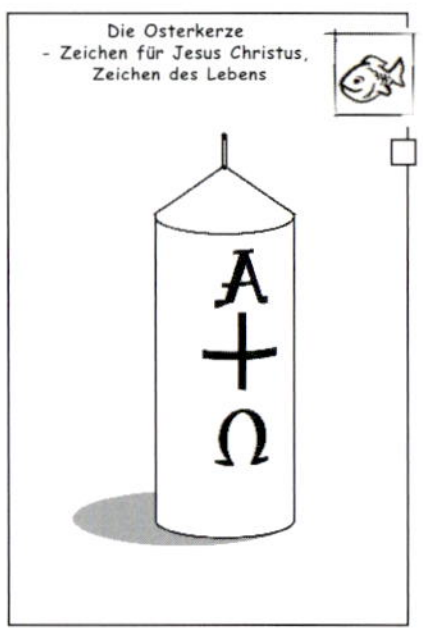

4. und 5. Stunde: „Die Osterkerze und die Taufe in der Osternacht" (Unterrichtsgang in die Kirche)

Die Schülerinnen und Schüler kennen aus der letzten Stunde die Symbolik der Osterkerze, die sie in kreativer Form über grundlegende Symbole hinaus auf ihrer Osterkerze weiter entwickelt haben. Beim Unterrichtsgang in die katholische Kirche vor Ort entdecken sie die dort aufgestellte Osterkerze mit den schon bekannten Symbolen und erschließen den Zusammenhang mit der Taufe in der Osternacht. Dadurch motiviert fragen sie nach der eigenen Taufe und thematisieren diese.

Die Schülerinnen und Schüler...	Didaktik und Methodik	Medien
entdecken in der Kirche an der großen Osterkerze die Symbole für Jesus Christus	Unterrichtsgang mit Gespräch,	Kirche: Osterkerze, Taufbecken,
assoziieren zum Taufbecken ihr Vorwissen und ihre Vorerfahrungen mit der Taufe	Lehrererzählung,	AB „Meine Taufe"
hören in der Lehrererzählung von der Taufe in der Osternacht	Recherche als Hausaufgabe	
recherchieren in der Familie Informationen zu ihrer eigenen Taufe		

Entdecken die Symbole der Osterkerze
Versammelt um die neue Osterkerze in der Kirche erzählen die Schülerinnen und Schüler zu den Symbolen auf der Kerze und deuten sie auf Jesus hin. Evtl. weitere Symbole der Kerze können in diesem Zusammenhang besprochen bzw. wiederholt werden.

Assoziationen und Vorwissen zum Taufbecken zur Sprache bringen
Da die Osterkerze oft in der Nähe des Taufbeckens steht, bietet es sich an, die Schülerinnen und Schüler vermuten zu lassen, welcher Zusammenhang zwischen den beiden besteht. Vielleicht kann ein Kind von der Osternacht erzählen oder auch von der Taufe eines kleinen Geschwisterchens. Die anschließende Lehrererzählung ergänzt die Vorinformationen und führt diese weiter.

Von der Taufe in der Osternacht hören
So oder ähnlich kann die Lehrkraft erzählen:
Manche von euch können sich an Tauffeiern der kleineren Geschwister erinnern, die sie schon mitgefeiert haben. Wenn wir das Wort „Taufe" hören, denken wir meistens an die Taufe kleiner Kinder, kleiner Babys. Früher war dies anders. Früher wurden Erwachsene getauft. Sie mussten sich auf die Taufe vorbereiten und wurden dann in der Osternacht getauft, das heißt, in die Gemeinschaft der Christen aufgenommen. Als Erinnerung daran werden auch heute noch Kinder, manchmal auch Jugendliche oder Erwachsene in der Osternacht getauft. Vor der Taufe bekennen sie ihren Glauben an Jesus Christus. Weil das kleine Babys noch nicht können, tun das die Eltern für ihre kleinen Kinder…

Zur eigenen Taufe recherchieren

... Auch DU bist getauft! Wenn du zurück ins Klassenzimmer kommst, gebe ich dir ein Blatt als Hausaufgabe mit. Frage deine Eltern und deine Taufpaten nach Informationen zu deiner Taufe! Und erzähle uns in der nächsten Stunde davon! Vielleicht darfst du auch deine Taufkerze oder ein Bild davon mitbringen?!

Material auf der CD-Rom:

- Arbeitsblatt: „Meine Taufe“

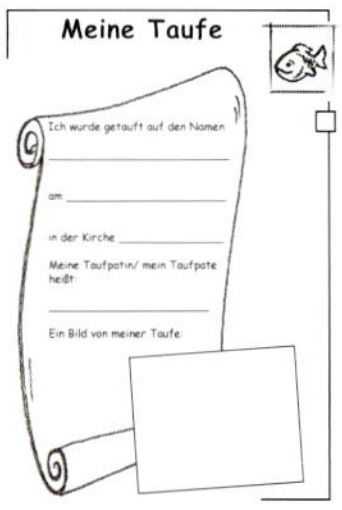

6. Stunde: „Symbole der Taufe: Taufkerze und Wasser"

Die Schülerinnen und Schüler haben anlässlich des Unterrichtsganges in die Kirche von der Taufe in der Osternacht gehört und zu ihrer eigenen Taufe recherchiert. In dieser Stunde lernen sie nun die wichtigsten Symbole und Symbolhandlungen im Zusammenhang mit der Taufkerze und dem Wasser der Taufe kennen und anfanghaft zu verstehen.

Die Schülerinnen und Schüler...	Didaktik und Methodik	Medien
rekapitulieren ihr Vorwissen aus den letzten Stunden zur Osterkerze		
betrachten und **deuten** (eigene) Taufkerzen	Unterrichtsgespräch	Tuch
nehmen mit allen Sinnen die Wirkung von Wasser **wahr**	Lehrererzählung	Osterkerze
erzählen von ihrer eigenen Taufe bzw. den Erinnerungen, die andere daran haben (Hausaufgabe!)	symboldidaktische Erschließung	Taufkerze(n)
drücken wesentliche Aussagen zur Taufe in einem Elfchen verbal **aus**		Krug mit Wasser evtl. Rose von Jericho AB: „Wichtige Symbole bei der Taufe: Taufkerze und Wasser"

Vorwissen zur Osterkerze rekapitulieren

Angeregt durch die Osterkerze in der Stuhlkreismitte vergegenwärtigen sich die Schülerinnen und Schüler nochmals die Symbole auf der Kerze und deren Deutung auf Jesus Christus hin.

Eigene Taufkerzen deuten

Im nächsten Schritt können sie im Blick auf (ihre eigenen) Taufkerzen oder entsprechende Bilder ähnliche Symbole (z.B. das Kreuz) wieder erkennen und weitere Symbole erschließen, z.B. Wasser, Licht, Taube...

Die Wirkung von Wasser mit allen Sinnen wahrnehmen
Die Lehrkraft stellt ein weiteres Symbol in die Stuhlkreismitte und lässt die Schülerinnen und Schüler assoziieren: Wasser braucht man für die Taufe! Welche Bedeutung und Wirkung Wasser haben kann, können die Schülerinnen und Schüler im Weiterformulieren verschiedener Satzanfänge zusammenfassen, z.B. Wasser ist.... Bei Wasser denke ich an ... Wasser kann ....
Danach sollte das Wasser mit möglichst vielen Sinnen erfahren werden, z.B. durch Trinken, die Hände befeuchten, ausgießen und dem Klang nachhören, evtl. auch durch das Begießen einer Rose von Jericho...

Von wichtigen Symbolen der Tauffeier hören und erzählen
Die Lehrkraft kann so oder ähnlich weiterführen:
Ihr habt schon richtig gesagt: Zur Taufe braucht man Wasser. Ich möchte dir von einer Tauffeier/ der Tauffeier eines meiner Kinder erzählen. Achte gut darauf, welche Bedeutung die Taufkerze und das Wasser haben...
Unser David war noch ganz klein als wir ihn zur Taufe in die Kirche trugen. Zuhause hatten wir ihm bereits das weiße Taufkleid angezogen, das alle Kinder unserer Familie zur Taufe tragen. An der Kirchentür empfing uns der Pfarrer mit den Ministranten und fragte, welchen Namen wir für unser Kind ausgesucht haben. Wir begleiteten ihn bis zum Taufbecken, das in unserer Kirche direkt neben der großen Osterkerze steht. Dort begann die Feier der Taufe. Zusammen mit allen Gästen und Verwandten, die auch um das Taufbecken standen, sangen wir ein Lied. Nach einigen Gebeten und Lesungen aus der Heiligen Schrift beteten wir zusammen das Glaubensbekenntnis stellvertretend für unseren kleinen David. Dann goss der Pfarrer dreimal Weihwasser über die Stirn unseres Babys und taufte ihn so im Namen des Vaters und des Sohnes und des Hl. Geistes. Danach salbte er die Stirn des Kleinen mit Chrisamöl. Anschließend zündete er die Taufkerze, die wir für unseren David gestaltet und verziert hatten, an der Osterkerze an und gab sie lächelnd dem Vater. Seit seiner Taufe erinnern wir uns immer wieder an diese Tauffeier und zünden Davids Taufkerze immer an seinem Tauftag an.

Im anschließenden Unterrichtsgespräch sammeln die Schülerinnen und Schüler nochmals die Informationen aus der Lehrererzählung zur Bedeutung von Taufkerze und Weihwasser: Die Taufkerze wird an der Osterkerze entzündet und erinnert an das Licht, das Jesus für uns Menschen sein will. In der Taufe wird es an den/ die Getaufte/n weitergegeben. Mit dem Weihwasser wird das Kind übergossen und so getauft im Namen des Vaters, Sohnes und heiligen Geistes. Damit gehört es zur Gemeinschaft der Christen und ist mit Gott verbunden so lange es lebt.

UMGANG MIT NICHTGETAUFTEN KINDERN

...Am Religionsunterricht können auf Antrag auch Schülerinnen und Schüler teilnehmen, die (noch) nicht getauft sind. In den folgenden Stunden wird die Taufe immer wieder thematisiert. Dies sollte für nichtgetaufte Mitschüler und Mitschülerinnen aus der Religionsgruppe nicht zum Gefühl der Benachteiligung oder des Ausgeschlossenseins führen. Vielmehr ist darauf zu achten, dass auch sie sich mit ihren Fragen und Themen einbringen können, z.B. erzählen dürfen, warum sie (noch) nicht getauft sind. Die gemeinschaftsstiftenden Rituale beziehen sie mit in die Religionsgruppe ein und sind unabhängig vom Getauftsein. Gerade für diese Kinder und alle Getauften kann und soll deutlich werden: Gott liebt bedingungslos - jeden Menschen!

Evtl. können auch noch andere Zeichen der Taufe angesprochen und gedeutet werden: Name, Taufkleid, Chrisamöl.

Wesentliches zur Taufe sprachlich zum Ausdruck bringen

Auch du bist getauft! Als Hausaufgabe solltest du deine Eltern, Geschwister oder auch Paten zu deiner Taufe befragen. Was hast du herausgefunden? Woran erinnern sie sich – du warst ja noch zu klein!

Nachdem die Schülerinnen und Schüler ihre Eindrücke und die Erinnerungen der Familie erzählt haben, wird gemeinsam versucht, ein Elfchen zu schreiben, das die Bedeutung der Taufe zum Ausdruck bringt.

Folgende Regeln sollten beachtet werden:

____
Wie ist es?

________ ________
Wer ist so?

________ ________ ________
noch mehr über ihn/ sie/ es…

________ ________ ________ ________
einen Satz, beginnend mit „Ich…“

____
Zusammenfassung/ Pointe

So oder ähnlich könnte ein Tauf-Elfchen klingen:

nass
das Wasser
Vater – Sohn – Hl. Geist
ICH gehöre zu Jesus!
Taufe

Material auf der CD-Rom:

- Satzanfänge als Wortkarten

„Wasser ist...“ | „Bei Wasser denke ich an...“ | „Wasser kann...“

- Arbeitsblatt: „Wichtige Symbole bei der Taufe: Taufkerze und Wasser“

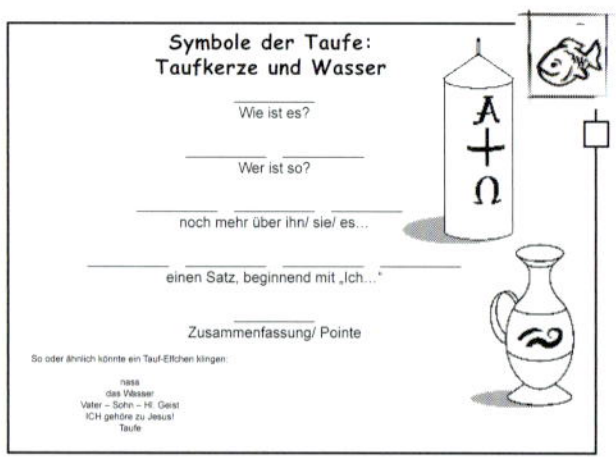
Symbole der Taufe:
Taufkerze und Wasser
Wie ist es?
Wer ist so?
noch mehr über ihn/ sie/ es…
einen Satz, beginnend mit „Ich…“
Zusammenfassung/ Pointe

7. Stunde: „Auch ICH bin getauft und gehöre zu Jesus"

Die Schülerinnen und Schüler haben in der letzten Stunde erfahren, dass die Taufe insbesondere auch die Aufnahme in die Gemeinschaft der Christen bedeutet und sich an ihre eigene Taufe erinnert. Sie bedenken mithilfe eines Bibelwortes, dass das besondere Kennzeichen derer, die zur Kirche gehören, ihre Verbundenheit mit Jesus Christus und untereinander ist. Sie können nachvollziehen, dass die Getauften zu Jesus gehören und seine Botschaft für sie eine besondere Rolle spielt

Die Schülerinnen und Schüler...	Didaktik und Methodik	Medien
tauschen sich aus, was ihnen zu den Symbolen des ausgelegten Bodenbildes einfällt und welches ihnen besonders wichtig ist.	Unterrichtsgespräch	Bodenbild: Rundes blaues Tuch mit Christus-Ikone
überlegen sich in Partnerarbeit, anhand von Satzanfängen Aussagen zur Bedeutung der Taufe	Partnerarbeit: Satzanfänge ausformulieren	Satzstreifen
gestalten mit Hilfe von Satzstreifen die Verbindung jedes Einzelnen mit Jesus in der Mitte		Wortkarte: Bibelvers, Namenskarte/ Foto der SchülerInnen, Seil
bedenken, was das Wort Jesu bedeutet „Wo zwei oder drei in meinem Namen zusammen sind, da bin ich mitten unter ihnen" und **setzen** dies im Bodenbild **um**	meditatives Gebetselement	Lied „Wo zwei oder drei in meinem Namen versammelt sind." AB: „Auch ICH bin getauft und gehöre zu Jesus"

Sich über die Symbole der Taufe austauschen
Um ein ausgelegtes Bodenbild mit einer Christus-Ikone in der Mitte im Stuhlkreis versammelt, tauschen sich die Schülerinnen und Schüler über die Symbole der Taufe (Taufkerze und Krug mit Wasser) aus und erzählen, was ihnen aus den Vorstunden zu den Symbolen einfällt.

Überlegungen zur Bedeutung der Taufe
In Partnerarbeit formulieren die SchülerInnen Satzanfänge zur Bedeutung der Taufe weiter, z.B.
In der Taufe…
Durch die Taufe…
Taufe bedeutet…
Getauft sein heißt…
Eigene Ideen halten sie auf Satzstreifen fest und bringen diese mit in den Stuhlkreis.

Die Verbindung mit Jesus Christus im Bodenbild weiter gestalten
Zurück im Stuhlkreis lesen die Schülerinnen und Schüler ihre Satzstreifen vor und legen sie von ihren Plätzen aus zur Christus-Ikone hin. Die Lehrkraft legt zu jedem Platz/ Kind ein Namensschild/ Foto des Kindes mit dem Text: Du, …. bist durch die Taufe mit Jesus verbunden!

Ein Bibelwort Jesu bedenken und im Bodenbild umsetzen

Die Lehrkraft legt als stummen visuellen Impuls den Mt-Vers 18,20 „Wo zwei oder drei in meinem Namen zusammen sind, da bin ich mitten unter ihnen“ in die Mitte und lädt die Schülerinnen und Schüler ein zu überlegen, was dieser Hinweis Jesu bedeuten mag.
Die Schülerinnen und Schüler gestalten als Zeichen der Verbundenheit durch Jesus miteinander das Bodenbild, indem sie ein Seil zwischen ihren Namenskarten auslegen und sich auf diese Weise miteinander verbinden, indem sich der Kreis wieder schließt.
Dies kann einen Ausklang im Singen des Liedes: „Wo zwei oder drei…“ finden.

Material AUF CD-ROM

Material auf der CD-Rom:

- Bild: Jesusikone von HaPe Eggerl, Satzanfänge auf Wortkarten, Vorlage Namensschild

„In der Taufe...“

„Durch die Taufe...“

„Taufe bedeutet...“

„Du, ..., bist durch die Taufe mit Jesus verbunden“

- Arbeitsblatt: „Auch ICH bin getauft und gehöre zu Jesus!“ und Bibelvers auf Schriftrolle

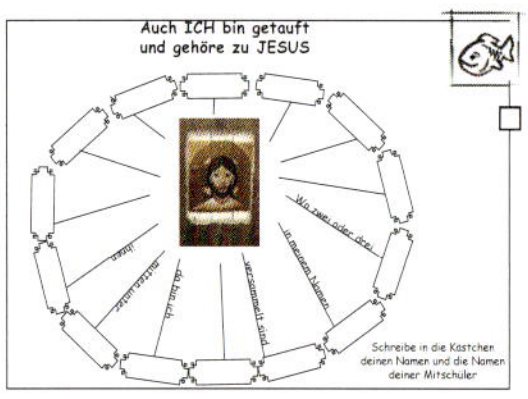

„Du, ..., bist durch die Taufe mit Jesus verbunden“

8. Stunde: „Wir erinnern uns an unsere Taufe - liturgische Feier der Tauferinnerung"

Die Schülerinnen und Schüler sind sich bewusst, dass sie durch die Taufe mit Jesus Christus und untereinander verbunden sind. Anlässlich des Unterrichtsganges in die Kirche erinnern sich die Schülerinnen und Schüler in einer kindgerechten Feier der Gemeinschaft der Religionsgruppe und ihrer Taufe.

Die Schülerinnen und Schüler...	Didaktik und Methodik	Medien
versammeln sich im Kirchenraum und **erspüren** dessen besondere Bedeutung als Raum der Stille und des Gebetes	Handlungen und Gesten:	Taufbecken in der Kirche oder Schale mit Weihwasser in einem Raum der Stille/ angemessener Umgebung
	Kreuzzeichen	
bringen die Gemeinschaft untereinander im gemeinsamen Singen und Beten **zum Ausdruck**	Gebet	
	Tauferinnerung	Lied „Mutmachlied"

nehmen in der Textbegegnung eines Bibeltextes den Zuspruch Gottes für sich persönlich **wahr**	Lied- und Gebetsritual	
erinnern sich durch eine Zeichenhandlung an ihre eigene Taufe		AB: „Heilige - Menschen, die zu Jesus gehören und mit seiner Botschaft leben"
entwickeln durch das gemeinsam gebetete Vaterunser und den Segenszuspruch **ein Gespür** für die Glaubensgemeinschaft, die Christen verbindet		

Ein Vorschlag zur Feier der Tauferinnerung findet sich auf der CD-Rom

9. Stunde: „Heilige - Menschen, die zu Jesus gehören und mit seiner Botschaft leben"

Die Schülerinnen und Schüler wissen um die Verbundenheit der Christen untereinander und mit Jesus. Sie setzen sich in Erinnerung an das Leben der Heiligen Luzia mit Biographien von Menschen auseinander, die aus dieser Verbundenheit mit Jesus ihr Leben gestaltet haben, weil sie etwas von der Botschaft Jesu verstanden und für sich selber in besonderer Weise umgesetzt haben.

Die Schülerinnen und Schüler...	Didaktik und Methodik	Medien
erinnern sich durch das nochmals selbst gelegte Bodenbild an die Verbundenheit der Christen untereinander und mit Jesus	Bodenbild der vorletzten Stunde nachgelegt Unterrichtsgespräch	Blaues, rundes Tuch Jesusikone Satzstreifen
werden durch ein Bild der heiligen Luzia, das ins Bodenbild gelegt wird, darauf **aufmerksam**, dass auch sie in besonderer Weise mit Jesus verbunden war **und erzählen** von ihrem Vorwissen (Lernarrangement 1)		Bilder/ Namensschilder der Schülerinnen und Schüler,
tragen ihr Wissen zum Leben und Wirken weiterer Menschen **zusammen**, die wir als Heilige kennen		Bild der heiligen Luzia Weitere Wortkarten/ Bilder von Heiligen
identifizieren Heilige als Menschen, die zur Gemeinschaft der Getauften gehören und ihr Verständnis von der Botschaft Jesu umgesetzt haben		Lied: „Wo zwei oder drei in meinem Namen versammelt sind"

Sich an die Verbundenheit der Christen erinnern
Die Schülerinnen und Schüler legen aus den bereitgestellten Materialien der vorletzten Stunde nochmals das Bodenbild und erzählen dazu: Durch die Taufe sind wir mit Jesus und untereinander verbunden!

Aufmerksam werden auf die Verbundenheit der heiligen Luzia mit Jesus
Die Lehrerin legt ein oder mehrere Bilder aus dem Leben der heiligen Luzia (Lernarrangement 1) in die Mitte. Durch den visuellen Impuls erinnern sich die Schülerinnen und Schüler an die Erzählung der heiligen Luzia und werden darauf aufmerksam, dass auch Menschen wie sie zu dieser Gemeinschaft gehören. Sie erzählen vom Leben Luzias und ihrer Verbundenheit mit Jesus.

Vorwissen zu Heiligen und ihrem Leben bzw. Wirken zusammentragen
Die Lehrkraft kann mit einem Impuls weiterführen, *z.B. Sicherlich kennst du noch mehr Menschen wie die heilige Luzia, Menschen, für die Jesus und seine Botschaft in ihrem Leben wichtig war und an die wir uns deshalb immer noch erinnern, obwohl sie schon lange nicht mehr leben.*
Die Schülerinnen und Schüler nennen Heilige und Legenden, die ihnen zu diesen Heiligen einfallen, z.B. heiliger Nikolaus, heiliger Martin, heilige Elisabeth…

Heilige als Menschen identifizieren, die zur Gemeinschaft der Getauften gehören
Im Stuhlkreis überlegen die Schülerinnen und Schüler, was das Besondere und das Gemeinsame dieser Menschen, die wir als Heilige bezeichnen, sein könnte (Bezug zu Jesus und zur Gemeinschaft der Menschen). Im gemeinsamen Singen des Liedes „Wo zwei oder drei…“ findet diese Gemeinschaft, die sich auch im Bodenbild zeigt, nochmals Ausdruck.

Hausaufgabe: Suche weitere Bilder von Heiligen und klebe sie auf dein Arbeitsblatt!

Material auf der CD-Rom:

- Arbeitsblatt:
  „Heilige – Menschen, die zu Jesus gehören und mit seiner Botschaft leben“

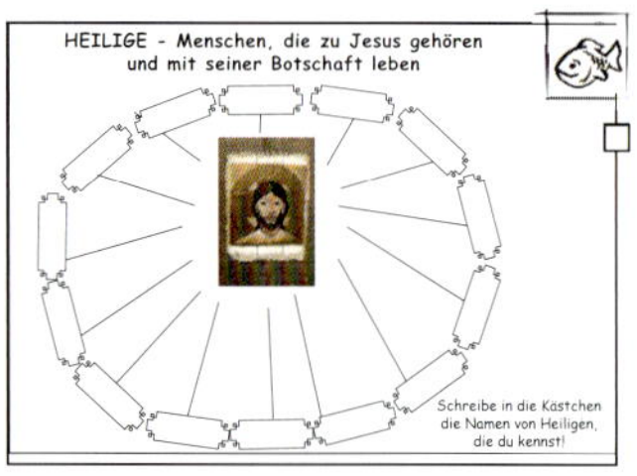

10. Stunde: „Mein Heiliger - mein Namenspatron"

Die Schülerinnen und Schüler sind schon mit der Bedeutung von Heiligen vertraut und können zum Lebensweg exemplarischer Heiliger Bedeutsames erzählen. Sie entdecken, dass Heilige in der abendländischen Tradition Namensgeber und -patrone für Christen sind und welche Bedeutung ihnen zugemessen wird. Vor diesem Hintergrund gehen sie auf Spurensuche nach dem eigenen Namenspatron und dessen Leben, indem sie sich in einfacher Weise mit aussagekräftigen Legenden und der Bedeutung des eigenen Namens beschäftigen.

Die Schülerinnen und Schüler...	Didaktik und Methodik	Medien
versammeln sich im Stuhlkreis um die wie in den Vorstunden gestaltete Mitte des Bodenbildes **hören** exemplarisch vom Namenspatron der Lehrkraft und der Bedeutung/ Übersetzung des Namens **setzen sich** in einfacher Weise mit der Bedeutung des eigenen Namens un dem Leben des Namenspatrons **auseinander** **stellen** die für sie wichtigen Informationen zu ihrem Namenspatron in der Stuhlkreisrunde **vor**	Lehrererzählung, Einzelarbeit: Recherche, Präsentation	Bodenbild wie in den Vorstunden, zusammengestellte Materialien aus dem Internet oder Namenspatron-Bildchen AB „Mein Heiliger - mein Namenspatron"

Im Stuhlkreis versammeln

Die Schülerinnen und Schüler versammeln sich im Stuhlkreis um die gestaltete und bereits bekannte Mitte mit den eigenen Namensschildern/ Bildern. Verdeckt liegen auf den Verbindungen zur Mitte/ zu Jesus hin die Bilder und Legenden der jeweiligen Namenspatrone der Kinder und auch der Lehrkraft (Material und Informationen z.B. aus dem Internet – Heiligenlexikon – kindgerecht aufbereitet).

Vom Namenspatron hören

Die Lehrkraft dreht ihr Bild des Namenspatrons um und beginnt zu erzählen: *Ich bin auf den Namen … getauft. Meine Eltern haben diesen Namen für mich ausgesucht. Er bedeutet übersetzt … Mein Namenspatron, von dem sich mein Name ableitet, heißt … Ich feiere Namenstag am … Vom Leben und Wirken meines Namenspatrones kann ich dir Folgendes erzählen …*

Sich mit dem Namenspatron auseinandersetzen

Nachdem die Schülerinnen und Schüler vom Namen und Namenspatron der Lehrkraft gehört haben, werden sie eingeladen, das Bild mit dem Infotext zu ihrem Namenspatron aus der Kreismitte zu nehmen und zu lesen. Aus dem ersten Lernarrangement kennen sie bereits ihren Namenspatron und wissen, wann sie Namenstag feiern. Nun sollen sie sich zusätzlich mit dem Lebensweg des Namenspatrons auseinandersetzen und das Wichtigste auf einem Arbeitsblatt zusammenfassen.

Informationen zusammenstellen und präsentieren
Die wichtigsten Informationen zum eigenen Namenspatron stellen die Schülerinnen und Schüler auf einem Arbeitsblatt zusammen. Exemplarisch präsentieren einzelne Schülerinnen und Schüler ihre ganz persönlichen Arbeitsergebnisse im Stuhlkreis unter einem bestimmten Focus, z.B. „An meinem Namenspatron finde ich klasse…"

Material auf der CD-Rom:

- Arbeitsblatt: „Mein Heiliger – mein Namenspatron"

11. + 12. Stunde: „Ich entdecke unsere Kirche - besondere Orte, besondere Figuren"

Nachdem die Schülerinnen und Schülern sich nochmals intensiver mit dem eigenen Namenspatron auseinander gesetzt und beschäftigt haben, wird der Bedeutung von Heiligen auch im Kirchenraum nachgegangen. Dabei entdecken die Schülerinnen und Schüler über die Figuren und Bilder von Heiligen hinaus Orte des Kirchenraumes, die für sie interessant sind. Mithilfe von Unterrichtsmaterialien entwickeln sie eine kleine Präsentation zur Bedeutung ihrer Entdeckungen.

Die Schülerinnen und Schüler...	Didaktik und Methodik	Medien
erinnern sich an Rituale des Kirchenbesuches und **verbalisieren diese**	Kirchenraum-pädagogik	Kirchenraum mit verschiedenen Gegenständen und Heiligenfiguren
nehmen den Kirchenraum als einen Besonderen **wahr**		
vollziehen die Ruhe und Atmosphäre des Raumes **nach** und **bringen** diese in einem Gebet **zur Sprache**		Edelsteine Infomaterial
erkunden den Kirchenraum **mit allen Sinnen** und **entdecken** für sie interessante Gegenstände		AB: „Ich entdecke unsere Kirche - besondere Ort, besondere Figuren"
erarbeiten in Einzelarbeit weitere Informationen zu ihrem Gegenstand und **präsentieren** diese als Kurzreferat		Bildkarten evangelische/ katholische Kirche

Sich an Rituale des Kirchenbesuches erinnern („Vorbereitung und Grundlegung")
Die Schülerinnen und Schüler machen sich zusammen mit der Lehrkraft auf den Weg zu einer nahe gelegenen Kirche. Vor dem Betreten der Kirche versammeln sie sich an der Kirchentür. Auf den Impuls der Lehrkraft hin *Du erinnerst dich bestimmt an unseren letzten Kirchenbesuch… sammeln die Schülerinnen und Schüler nochmals, was beim Betreten des Kirchenraumes wichtig ist: … die Kirche ist das Haus Gottes … es ist ein besonderer Raum … Raum der Stille und des Gebetes … wir betreten die Kirche langsam … sind leise … nehmen Weihwasser am Eingangsbecken und bekreuzigen uns… gehen leise in die Bank … setzen uns …*

Den Kirchenraum als einen Besonderen wahrnehmen („Atmosphärische Eröffnung")
Nachdem die Schülerinnen und Schüler die Kirche betreten und einen Sitzplatz in einer Bank gefunden haben, werden sie eingeladen, die Atmosphäre des Raumes bewusst wahrzunehmen: *Du bist in der Kirche. Es ist ein besonderer Raum. Der Lärm der Straße ist hier nicht zu hören. Versuche einmal, ganz still zu sein und die Ruhe aufzunehmen… Vielleicht ist es leichter, wenn du deine Augen dabei schließt … Jetzt, wo es ganz still ist, kannst du den leisen Geräuschen nachhorchen: Vogelgezwitscher von außen, das Atmen deines Nachbarn, deinen eigenen Herzschlag … vielleicht riechst du hier auch einen anderen, unbekannten Duft … den Duft der Kerzen oder auch von Weihrauch … nun darfst du deine Augen wieder öffnen und dich umsehen, ohne aufzustehen – bewege nur die Augen und schau… manches kennst du schon in diesem Raum, z.B. den Taufstein, an dem wir alle schon gestanden sind … manches ist dir unbekannt…*

Die Ruhe und Atmosphäre nachvollziehen und zur Sprache bringen
Die Lehrkraft schließt diese Ankommübung mit einer Einleitung zum Gebet ab, das die Schülerinnen und Schüler frei weiter formulieren können, z.B. *Guter Gott, ich bin hier in der Kirche, einem besonderen Ort. Ich möchte mir Zeit nehmen für dich und diesen Ort. Ich möchte hören, was es an leisen Tönen und Geräuschen zu hören gibt. Ich möchte sehen, was nicht jeder gleich sieht. Ich möchte fühlen, was es Interessantes zu entdecken gibt.*
Guter Gott, wo zwei oder drei in deinem Namen versammelt sind, da bist du mitten unter ihnen. Wir danken dir, dass du bei uns bist, wenn wir hier in deinem Haus versammelt sind. Amen.

Den Kirchenraum mit allen Sinnen erkunden
(„Erkundung des Kirchenraumes" und „Spiritueller Ausklang")
Ich lade dich nun ein, nachdem du mit den Augen den Kirchenraum erkundet hast, ihn auch mit allen Sinnen zu erkunden. Dazu bewegst du dich langsam im Raum. Schau dir alles an, wenn du willst, kannst du vorsichtig auch manche Gegenstände anfassen. Entscheide dich dann für EINEN Gegenstand, der dich am meisten interessiert. Lege dort den Edelstein ab, den ich dir jetzt gebe und komme dann wieder in diese Bank zurück.

Wenn alle Schülerinnen und Schüler wieder in der Bank versammelt sind, werden die einzelnen Stationen, an denen die Edelsteine liegen, abgegangen und die Kinder erzählen, was sie entdeckt haben und was sie zu diesem Gegenstand/ Bild/ oder einer Figur gerne wissen möchten. Ein gemeinsames Gebet kann die Kirchenraumerkundung abschließen.

Informationen zum Kirchenraum erarbeiten und präsentieren („Nach- und Weiterarbeit")
Nachdem die Schülerinnen und Schüler wieder im Klassenzimmer sind, erhalten sie von der Lehrkraft Informationen zu ihrem ausgewählten Gegenstand der Kirche. In Einzelarbeit bearbeiten sie folgende Arbeitsaufträge:

1. Lies dir den Text langsam und leise durch!
2. Unterstreiche, was dir wichtig im Text erscheint!
3. Schreibe auf deinen Block ganze Sätze als Zusammenfassung und bereite dich darauf vor, sie vorzulesen!

Wenn alle Schülerinnen und Schüler die Informationen zusammengestellt haben, kommen sie im Stuhlkreis zusammen und einzelne präsentieren exemplarisch ihre Ergebnisse. Die Lehrkraft kann diese zu einem kleinen Geheft zusammenfügen und evtl. zu jeder Ausarbeitung auch Bilder ergänzen. Im Projekt „Komm, ich zeige dir meine Kirche“ in einer der darauf folgenden Stunden kann diese Zusammenstellung dazu dienen, dass die katholischen Schülerinnen und Schülern ihren evangelischen Mitschülerinnen und Mitschülern ihre Kirche nochmals vor Ort vorstellen und die einzelnen Stationen abgehen.

Material auf der CD-Rom:

- Arbeitsblatt: „Ich entdecke unsere Kirche...“ und Bildkarten ev./ kath. Kirche, Infokarten

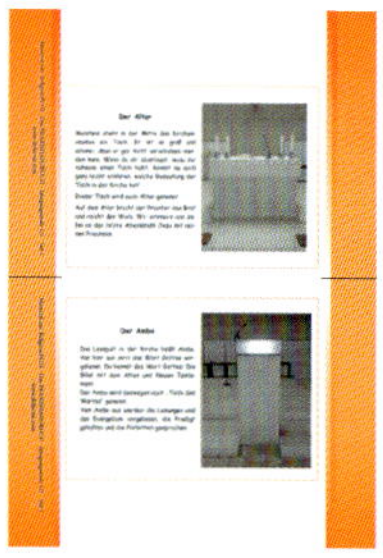

13. Stunde: „Unser Pfarrpatron"

Die Schülerinnen und Schüler haben sich in den letzten Stunden intensiv mit dem Kirchenraum vor Ort auseinandergesetzt und dabei verschiedene Gegenstände entdeckt und sie sich in kleinen Präsentationen selbst erschlossen, die zu einem späteren Zeitpunkt vorgestellt werden sollen (s. 14./15. Stunde). Nun wird der Pfarrpatron[1] der Pfarrei und Kirche in den Mittelpunkt gestellt, mit dem sich die Schülerinnen und Schüler - wie schon in den Vorstunden mit anderen Heiligen - auseinandersetzen, um dessen besondere Bedeutung für die Menschen damals und heute zu erarbeiten.

Die Schülerinnen und Schüler...	Didaktik und Methodik	Medien
entdecken das Bild des Pfarrpatrons	Bilderschließung	Bild des Pfarrpatrons
kommunizieren ihre Vermutungen zum eigenen Vorwissen der Person und des Lebens	Gruppenarbeit	Infomaterialien
informieren sich über wichtige Ereignisse aus dem Leben des Heiligen und seiner Legende		
stellen die erarbeiteten Informationen **zusammen und präsentieren** diese		

1 Hier wird exemplarisch am Beispiel des heiligen Franziskus der Pfarrpatron erschlossen

Schrittweises Bild-Entdecken

Die Schülerinnen und Schüler werden angeregt, das Bild des Pfarrpatrons (in unserem Beispiel: Heiliger Franziskus) schrittweise zu betrachten. Der Fokus kann dabei auf Details gelegt werden, wie z.B. Mönchgewand – Attribute etc. In verzögerter Bildbetrachtung erschließen die Schülerinnen und Schüler sich das Bild des eigenen Pfarrpatrons, das sie evtl. bereits aus der Kirchenerkundung kennen.

Vorwissen und Vermutungen kommunizieren

Die Lehrkraft kann so oder ähnlich weiterführen: *Von manchen Heiligen kennt man die Darstellung mit dem Jesuskind, mit einem Kreuz oder einem Buch. Weißt du, warum der heilige Franziskus mit Vögeln dargestellt wird? Hast du eine Vermutung?*

Informationen zum heiligen Franziskus bearbeiten

In drei Arbeitsgruppen setzen sich die Schülerinnen und Schüler genauer mit Aspekten des heiligen Franziskus und der Legende auseinander. Dazu erhalten sie folgende Informationstexte, die sie lesen, Wichtiges unterstreichen, zusammenfassen und schließlich der Religionsgruppe präsentieren:

Infotexte für die Gruppenarbeit finden Sie auf der CD-Rom

Informationen erarbeiten und präsentieren

In einer abschließenden Runde stellen die Schülerinnen und Schüler ihre Ergebnisse vor. Ein Gespräch über die Motivation des heiligen Franziskus kann die Unterrichtsstunde abschließen und die Verbindung zur heutigen Gemeinde schaffen: Franziskus war ein sehr naturverbundener Mensch, der ganz mit Gott lebte. Menschen in der Pfarrei St. Franziskus nehmen ihn sich als Vorbild.

Material auf der CD-Rom:

- Infotexte für die Gruppenarbeit

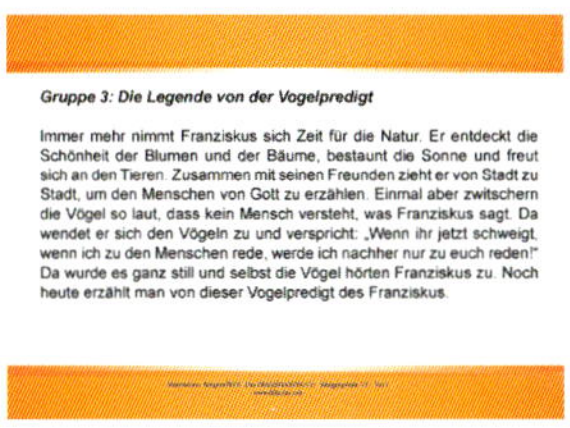

Gruppe 3: Die Legende von der Vogelpredigt

Immer mehr nimmt Franziskus sich Zeit für die Natur. Er entdeckt die Schönheit der Blumen und der Bäume, bestaunt die Sonne und freut sich an den Tieren. Zusammen mit seinen Freunden zieht er von Stadt zu Stadt, um den Menschen von Gott zu erzählen. Einmal aber zwitschern die Vögel so laut, dass kein Mensch versteht, was Franziskus sagt. Da wendet er sich den Vögeln zu und verspricht: „Wenn ihr jetzt schweigt, wenn ich zu den Menschen rede, werde ich nachher nur zu euch reden!" Da wurde es ganz still und selbst die Vögel hörten Franziskus zu. Noch heute erzählt man von dieser Vogelpredigt des Franziskus.

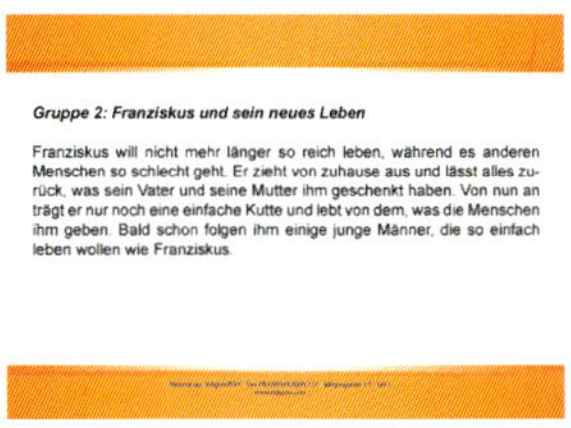

Gruppe 2: Franziskus und sein neues Leben

Franziskus will nicht mehr länger so reich leben, während es anderen Menschen so schlecht geht. Er zieht von zuhause aus und lässt alles zurück, was sein Vater und seine Mutter ihm geschenkt haben. Von nun an trägt er nur noch eine einfache Kutte und lebt von dem, was die Menschen ihm geben. Bald schon folgen ihm einige junge Männer, die so einfach leben wollen wie Franziskus.

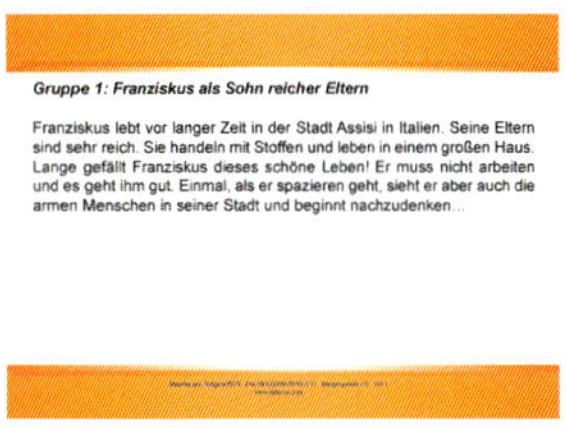

Gruppe 1: Franziskus als Sohn reicher Eltern

Franziskus lebt vor langer Zeit in der Stadt Assisi in Italien. Seine Eltern sind sehr reich. Sie handeln mit Stoffen und leben in einem großen Haus. Lange gefällt Franziskus dieses schöne Leben! Er muss nicht arbeiten und es geht ihm gut. Einmal, als er spazieren geht, sieht er aber auch die armen Menschen in seiner Stadt und beginnt nachzudenken…

KONFESSIONELLE UNTERSCHIEDE/ GEMEINSAMKEITEN

In den folgenden Unterrichtseinheiten beschäftigen wir uns mit den Gemeinsamkeiten und evtl. auch Unterschieden und Spezifika in der Glaubenspraxis evangelischer und katholischer Christen. Wir schlagen vor, dieses ausgehend von den Begegnungen der Schülerinnen und Schüler in den Kirchen der eigenen Konfessionen zu gestalten, indem sie sich gegenseitig die Eindrücke, die sie gewonnen haben, vorstellen und darüber ins Gespräch kommen, was Gemeinsamkeiten und evtl. auch Unterschiede zwischen den Glaubensbrüdern und -schwestern sein könnten. Wir raten zu diesem Weg, weil er sehr im Visuell-Konkreten verhaftet ist und in der 1. Jahrgangsstufe eine grundsätzliche Auseinandersetzung mit den konfessionellen Unterschieden nicht zielführend erscheint.

14. und 15. Stunde: „Komm, ich zeig dir meine Kirche!" (Kirchenerkundung evangelische und katholische Kirche)

Die Schülerinnen und Schüler der katholischen Religionsgruppe haben sich bereits durch mehrere kirchenraumpädagogische Elemente mit ihrer Pfarrkirche auseinander gesetzt und Informationen zu einzelnen Gegenständen und Orten erarbeitet, die sie jetzt präsentieren. Auf die Einladung der Schülerinnen und Schüler der evangelischen Religionsgruppe lassen sie sich zunächst durch deren Kirche führen und zeigen ihnen in einer weiteren Stunde die katholische Kirche. Dadurch können sie feststellen, dass es Unterschiede und Gemeinsamkeiten zwischen evangelischen und katholischen Kirchenräumen gibt.

Die Schülerinnen und Schüler...	Didaktik und Methodik	Medien
gestalten Einladungskarten für die evangelischen Mitschülerinnen und Mitschüler zu einer von ihnen vorbereiteten Kirchenführung **erkunden** die evangelische Kirche, durch die sie von ihren Mitschülerinnen und Mitschülern der evangelischen Religionsgruppe geführt werden **gestalten eine Kirchenführung** für die evangelischen Mitschülerinnen und Mitschüler in der katholischen Kirche **nehmen** Unterschiede und Gemeinsamkeiten im Kirchenraum **wahr und benennen diese** **erfahren** die christliche Gebetsgemeinschaft im Beten des Vaterunsers	Kirchenraumerkundung	Nahe gelegene evangelische und katholische Kirchen Stift und Zettel

Einladungen gestalten (im Vorfeld)
Für die gegenseitige Vorstellung der eigenen Kirche gestalten die Schülerinnen und Schüler der katholischen Religionsgruppe Einladungskarten für die evangelischen Mitschülerinnen und Mitschüler.

Die evangelische Kirche erkunden – durch die katholische Kirche führen
Zunächst gehen die katholischen Schülerinnen und Schüler mit den evangelischen Mitschülerinnen und Mitschülern in deren Kirche und lassen sie sich zeigen/ erklären. Dabei ist es sinnvoll, Unterschiede und Gemeinsamkeiten, die ihnen auffallen, zu benennen und aufzuschreiben, z.B. ... das Weihwasserbecken am Eingang fehlt ... auch in der evangelischen Kirche gibt es einen Altar ... es gibt keine Kniebänke und keinen Beichtstuhl ... es gibt eine Kanzel .... Messgewänder ... Ministrantengewänder ... Dabei kann besonderen Wert auf die Gegenstände gelegt werden, die die katholischen Schülerinnen und Schüler in der eigenen Kirche entdeckt haben.
In der folgenden Stunde sind die evangelischen Mitschülerinnen und Mitschüler eingeladen, mit in die katholische Kirche zu kommen. Die katholischen Schülerinnen und Schüler gestalten dort eine kleine Kirchenführung unter Rückgriff auf ihre bereits erarbeiteten Elemente der Kirchenerkundung (11./ 12. Stunde des Lernarrangements).

Unterschiede und Gemeinsamkeiten wahrnehmen und benennen (beide Stunden)
Die Schülerinnen und Schüler schreiben alles, was sie an Unterschieden und Gemeinsamkeiten in der evangelischen Kirche entdeckt haben, auf einen kleinen Notizblock. Die Notizen bilden die Grundlage für die Frage, die sie als Hausaufgabe formulieren sollen.
Das gemeinsame Vaterunser als Abschluss beider Kirchenführungen kann den Focus nochmals mehr auf die Gemeinsamkeit – Ökumene - richten.

Hausaufgabe:
Überlege dir eine Frage, die du einem evangelischen Mitschüler oder einer Mitschülerin stellen kannst!

16. Stunde: „Ich erzähl dir von meinem Glauben!" (Gespräch mit den evangelischen Mitschülerinnen und Mitschülern)

Die Schülerinnen und Schüler sowohl der evangelischen, als auch der katholischen Religionsgruppe haben bei den Kirchenführungen der Mitschülerinnen und Mitschüler Unterschiede und Gemeinsamkeiten im Kirchenraum festgestellt. Das kann Fragen nach deren Bedeutung aufwerfen. Hinweise auf mögliche Unterschiede zwischen den Konfessionen können angesprochen werden.

Die Schülerinnen und Schüler...	Didaktik und Methodik	Medien
nehmen Jesus Christus als Mitte des christlichen Glaubens **wahr** **werden aufmerksam** auf Unterschiede und Gemeinsamkeiten zwischen katholischen und evangelischen Christen **benennen** ihre Fragen zur jeweils anderen Konfession **tauschen sich** über ihre Glaubenspraxis **aus**	Unterrichtsgespräch, Diskussion mit evangelischen Mitschülerinnen und Mitschülern	gelbes, rundes Tuch Jesuskerze Christusikone Wortkarten: „Ich bin katholisch!" „Ich bin evangelisch"

Jesus Christus als Mitte des christlichen Glaubens wahrnehmen
Die Schülerinnen und Schüler der beiden Religionsgruppen versammeln sich im Stuhlkreis um ein gelbes rundes Tuch mit Christusikone und Jesuskerze. Gemeinsam sprechen sie – evtl. in Handfassung – das Gebet, das Jesus uns gelehrt hat, das Vaterunser.

Aufmerksam werden auf Unterschiede und Gemeinsamkeiten zwischen katholischen und evangelischen Christen
In der Weiterführung werden die Schülerinnen und Schüler durch die Wortkarten „Ich bin katholisch“ und „Ich bin evangelisch“ angeregt, ihre Beobachtungen zu Gemeinsamkeiten und Unterschieden in den beiden Kirchen zur Sprache zu bringen. Dabei können sie jeweils im Wechsel der Konfessionen benennen, was ihnen aufgefallen ist.

Fragen zur jeweils anderen Konfession benennen
Im Anschluss an das Warming up des gemeinsamen Gespräches können die einzelnen Schülerinnen und Schüler ihre Fragen, die sie als Hausaufgabe formuliert haben, den anderen stellen bzw. auf deren Fragen Antwortversuche wagen. Dabei helfen die beiden Lehrkräfte!

Austausch über die eigene/ ökumenische Glaubenspraxis
Weiterführend kann die Lehrkraft den Blick auf die gemeinsame Glaubenspraxis lenken: *Auch wenn wir in unseren Kirchen Unterschiede festgestellt haben, so gibt es doch Vieles, was gemeinsam ist und was wir gemeinsam tun können, z.B. miteinander beten und singen.*

Material auf der CD-Rom:

- Wortkarten „Ich bin katholisch!" und „Ich bin evangelisch!"

Ich bin katholisch	Ich bin evangelisch

17.-19. Stunde: „Gemeinsam beten, singen und feiern" (Lernaufgabe: Vorbereitung und Durchführung einer ökumenischen Feier)

Die evangelischen und katholischen Schülerinnen und Schüler haben sich in einem Gespräch über Unterschiede und Gemeinsamkeiten ihres Glaubens ausgetauscht. In der Vorbereitung und Durchführung einer ökumenischen Feier im Klassenraum soll diese Verbundenheit als Christen zum Ausdruck gebracht werden. Dazu erarbeiten verschiedene Gruppen einzelne Module in konfessionsgemischten Kleingruppen, die sie dann in einer ökumenischen Feier zusammentragen.

Die Schülerinnen und Schüler...	Didaktik und Methodik	Medien
benennen und üben Lieder, die sie in der Feier singen möchten	Gruppenarbeit	Lieder und Gebete

wählen eine aus dem Unterricht bereits bekannte Bibelstelle **aus und gestalten** diese **formulieren** gemeinsam Dankrufe im Rückblick auf das Schuljahr		Bibel Heft des Schuljahres

Ein Vorschlag zur Gestaltung eines Schulgottesdienstes "Sei behütet auf deinen Wegen" findet sich auf der CD-Rom

Gott ist immer hier

Text: Rolf Krenzer • Musik: Robert Haas

Text: Rolf Krenzer • Musik: Robert Haas • aus: CD Kommt, wir feiern!, 2003

In der ökumenischen Feier kann auch obiges Lied von Robert Haas gut einen Platz finden - mit Hilfe der CD "DU bist mein Schatz" kann es dazu eingespielt werden. Erhältlich unter www.didactus.com

Abkürzungsverzeichnis

Begrifflichkeiten rund um den neuen Lehrplan*Plus*

BT	Gegenstandsbereich Bibel und Tradition
FG	Gegenstandsbereich Die Frage nach Gott
FÜZ	Fächerübergreifende Bildungs- und Erziehungsziele
G	Prozessbezogene Kompetenz Gestalten
GB	Gegenstandsbereich
GK	Grundlegende Kompetenzen
JC	Gegenstandsbereich Jesus Christus
K	Prozessbezogene Kompetenz Kommunizieren
KE	Kompetenzerwartungen
KG	Gegenstandsbereich Kirche und Gemeinde
LB	Lernbereich
LIS	Lehrplan-Informations-System: Internetplattform mit Materialien zum Lehrplan
MW	Gegenstandsbereich Mensch und Welt
RW	Gegenstandsbereich Religionen und Weltanschauungen
T	Prozessbezogene Kompetenz Teilhaben
U	Prozessbezogene Kompetenz Urteilen
V	Prozessbezogene Kompetenz Verstehen
W	Prozessbezogene Kompetenz Wahrnehmen

Weitere Abkürzungen und Begriffe

AB	Arbeitsblatt
EA	Einzelarbeit
GA	Gruppenarbeit
GS	Grundschule
Jes	Jesaja (Prophetenbuch im Alten Testament)
Ex	Exodus (Buch im Alten Testament)
KR	Katholische Religionslehre
Lk	Lukasevangelium (Neues Testament)
Mt	Matthäusevangelium (Neues Testament)
PA	Partnerarbeit
Ps	Psalm (Buch der Psalmen im Alten Testament)
RL	ReligionslehrerIn
RU	Religionsunterricht
SuS	Schüler und Schülerinnen
UE	Unterrichtseinheit (Einzel- oder Doppelstunde)

Bildnachweise

Titelbild – HaPe Eggerl
Grafik Kompetenzstrukturmodell – HaPe Eggerl
Grafiken zu den Gegenstandsbereichen und Prozessbezogenen Kompetenzen – HaPe Eggerl
Grafik GK, KE, LB und Inhalte – HaPe Eggerl
Grafik vom Lehrplan zur Stunde, ISB München
Sanduhrgrafik – HaPe Eggerl
Planungsmodell – HaPe Eggerl
verschiedene Kompetenz- und Beobachtungsbogen – HaPe Eggerl
Weihwasserbecken mit Kinderhand – Claudia Schäble
Alle Symbole für die Lernarrangements – HaPe Eggerl
Kompetenzblume – HaPe Eggerl
Materialicon – HaPe Eggerl
verschiedene Fotos von Türen – Claudia Schäble
Zeichnung Tür (Heftumschlag) – HaPe Eggerl
Rahmen und Spiegel – HaPe Eggerl
Schattenbilder – HaPe Eggerl
Abdruckrechte durch fotolia
Jakob und Lena gemalt – HaPe Eggerl
Jakob und Lea Abdruckrechte durch fotolia
Verkehrschild – HaPe Eggerl
Symbole für Sinne – HaPe Eggerl
Wolken, Sprechblasen usw. (auch alle weiteren) – HaPe Eggerl
Bild Franziskus – HaPe Eggerl
Bild und Konturenbild Willkommen, kleiner Mensch – HaPe Eggerl
Malvorlage Mose am Dornbusch – HaPe Eggerl
Symbolbilder zur Gottesvorstellung – HaPe Eggerl
Gefühlebilder Jungen – Reiner Hofmann
Gefühlebilder Mädchen - Abdruckrechte durch fotolia
Buchstabenkarten – HaPe Eggerl
Bilder Vaterunser – Carmen Schöll
Bilder Luzia – HaPe Eggerl
Foto Streichelkarte, Claudia Schäble
Ausmalbild Adventskranz – HaPe Eggerl
Ausmalbild Maria und der Engel – HaPe Eggerl
Nomadenbilder (auch weitere) und Symbolbilder zur Geschichtendeutung – HaPe Eggerl
Schatzkiste – HaPe Eggerl
Bibel – HaPe Eggerl
Konturenbilder zur Josefsgeschichte – HaPe Eggerl
Symbolbilder für Prozessbezogene Kompetenzen – HaPe Eggerl
Bildmaterial zur Umwelt Jesu – HaPe Eggerl
Landkarte Israel – HaPe Eggerl
Fotos Israel – Cordula Blüml
Egliszene, Gini und Peter Neumann
Ausmalfigur Römer – HaPe Eggerl
Berufe in Israel – HaPe Eggerl
Ausmalbild Bartimäus – HaPe Eggerl
Bettler, Bauer Frau und Jesus als Ausmalbilder – HaPe Eggerl
Freunde und Feinde Jesu als Ausmalbilder – HaPe Eggerl
Osterbild – HaPe Eggerl
Österliche Symbole – HaPe Eggerl
Osterkerze und Taufkrug – HaPe Eggerl
Jesusikone – HaPe Eggerl
Franziskus – HaPe Eggerl
Willkommen, kleiner Mensch – HaPe Eggerl

Über Rückmeldungen aller Art, besonders aber über neue Ideen, Kritik und Lob freut sich das AutorInnenteam von Religion*PLUS*. Sie können uns direkt mailen (KEINE Bestellungen!)

autorenteam.lpplus@gmail.com

Bestellungen nimmt gerne der Verlag entgegen. Auch freuen wir uns, an dieser Stelle einen kleinen Auszug aus unserem Verlagsprogramm vorstellen zu können:

DU BIST MEIN SCHATZ!

Erstkommunion-Vorbereitung mit Freude, Spiel und tiefgehendem Inhalt!

Leitermappe

- ausführliche Erklärungen für die GruppenleiterInnen
- dazu viele weitere Anregungen, die dazu ermutigen, der eigenen Kreativität freien Lauf zu lassen

ca. 80 Seiten, gebunden

Materialblock

64 Seiten, farbig, gebunden

alle Materialen zum Basteln und Vorbereiten der Gruppenstunden

- jeweils für den Bedarf einer Gruppe mit bis zu 7 Kindern, so dass zeit- und kostenaufwendige Materialbesorgungen und Kopiergänge entfallen.

CD „DU bist mein Schatz"

Lieder zur Erstkommunion mit Liedern von Carmen u. Christoph Schöll, Robert Haas und Rolf Krenzer

Kinderbegleitheft mit gefüllter Schatzkiste
64 Seiten, farbig, gebunden

Das Kindbegleitbuch mit vielen Bibel- und Gebetsseiten, Rätseln, Bastelvorlagen, Aktionsseiten sowie Familienseiten, ... Außerdem zu jeder Stunde ein kleiner, wertvoller Schatz, der in inhaltlichem Zusammenhang steht und die Kinder begeistert!

Kindermappe mit gefüllter Natur-Schatzkiste aus Pappmaché zum Selbstgestalten
mit Kinderheft 64 Seiten, farbig, gebunden

Kindermappe mit gefüllter Holz-Schatzkiste
mit Kinderheft 64 Seiten, farbig, gebunden

Der Legestern zum kreativen, biblischen Arbeiten - mit Handreichungen

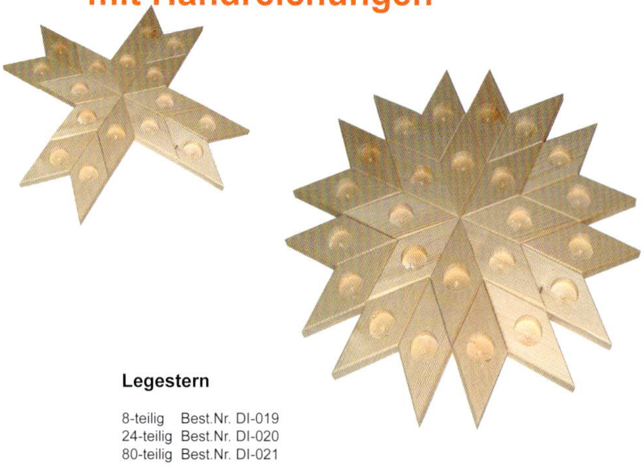

Legestern

8-teilig Best.Nr. DI-019
24-teilig Best.Nr. DI-020
80-teilig Best.Nr. DI-021

- jede beliebige 8er-Einheit bestellbar. Staffelpreise ab 24-teilig bzw. ab 80-teilig

Band 1:
Inhalt:
* Turmbau zu Babel
* Petrus/ Ein Schiff, das sich Gemeinde nennt
* Für uns Menschen und zu unserem Heil
* Gleichnis vom Senfkorn

Band 2:
Inhalt:
* zu verschiedenen Festzeiten wie Advent und Ostern sowie zu weiteren biblischen Themen

Band 3:
Inhalt:
* Unter Gottes Schirm (Psalm 91)
* Abraham
* Wie ein Baum, der am Wasser gepflanzt ist (Jer 17,7-8)

Jeder der Bände ist im Format A4, 32 Seiten gebunden.

Weitere Informationen über Neuerscheinungen, Bewährtes, Termine und mehr unter:

www.didactus.com

didactus - der kreative pädagogische Verlag
Beim Thingerstobel 16
87439 Kempten
info@didactus.com
Tel.: 0831/69716130 / Fax: 0831/5237609